Est-Ouest
1945-1991

Pascal Boniface

Directeur de l'Institut de relations internationales
(IRIS-université Paris-Nord)
Professeur à l'IEP de Paris

MÉMO

Seuil

MÉMO

COLLECTION DIRIGÉE PAR JACQUES GÉNÉREUX ET EDMOND BLANC

EXTRAIT DU CATALOGUE

HISTOIRE

12. *La Révolution française.* Jean-Clément Martin
13. *Bilan de la Seconde Guerre mondiale.* Marc Nouschi
14. *La IVe République.* Jacques Dalloz
15. *Les Relations internationales depuis 1945.* Philippe Moreau Defarges
16. *La Construction européenne de 1945 à nos jours.* Pascal Fontaine
17. *Le Commentaire de documents en histoire médiévale.* Jacques Berlioz
29. *La Grande-Bretagne depuis 1945.* Roland Marx
30. *Les Relations Est-Ouest depuis 1945.* Pascal Boniface
31. *Histoire des politiques sociales (Europe, XIXe-XXe siècle).* Francis Démier
32. *Les Décolonisations.* Bernard Droz

ÉCONOMIE

1. *Chronologie de l'économie mondiale.* Frédéric Teulon
2. *Chronologie de l'économie française.* Frédéric Teulon
3. *L'Économie française depuis 1945.* Frédéric Teulon
4. *Le Système monétaire international.* Frédéric Teulon
5. *Le Commerce international.* Frédéric Teulon
6. *Les Politiques économiques.* Jacques Généreux
37. *La Monnaie et la Politique monétaire.* Jean-Pierre Faugère
38. *Le Chômage et les Politiques de l'emploi.* Frédéric Teulon

PHILOSOPHIE

7. *Les Grands Courants de la philosophie ancienne.* Alain Graf
8. *Les Grands Courants de la philosophie moderne.* Alain Graf
9. *Les Grandes Œuvres de la philosophie ancienne.* Thierry Gontier
10. *Les Grandes Œuvres de la philosophie moderne.* Thierry Gontier
11. *Lexique de philosophie.* Alain Graf et Christine Le Bihan
36. *Les Grands Courants de la philosophie politique.* Michel Terestchenko

ISBN 2-02-023120-4
© Éditions du Seuil, juin 1996

Le Code de la propriété intellectuelle interdit les copies ou reproductions destinées à une utilisation collective. Toute représentation ou reproduction intégrale ou partielle faite par quelque procédé que ce soit, sans le consentement de l'auteur ou de ses ayants cause, est illicite et constitue une contrefaçon sanctionnée par les articles L 335-2 et suivants du Code de la propriété intellectuelle.

SOMMAIRE

1. Le monde en 1945 4

2. La division de l'Europe 8

3. La division de l'Allemagne 14

4. Les conflits de la guerre froide 17

5. La dissuasion nucléaire. 23

6. La crise de Cuba 28

7. La détente. 31

8. La maîtrise des armements 35

9. Conflits et crises de la détente 39

10. Les difficultés du *statu quo* en Europe . . . 43

11. La *perestroïka* 48

12. La fin de l'Empire soviétique 52

13. La réunification allemande. 56

14. Le désarmement 58

Chronologie 61

Conseils de lecture 63

1. LE MONDE EN 1945

A l'issue de la Seconde Guerre mondiale, dont l'Europe sort affaiblie, la planète entre dans une nouvelle phase des relations internationales, marquée par la rivalité soviéto-américaine. Les États-Unis sont les nouveaux maîtres du monde.

A. L'AFFAIBLISSEMENT DE L'EUROPE

L'Europe, où s'était déclenchée la guerre, en subit les plus graves conséquences.

a. L'Europe dévastée

Les pays européens, vainqueurs ou vaincus, sont soumis à la même débâcle économique.

Le PNB allemand représente le tiers de ce qu'il était en 1938. L'Allemagne perd un quart de son territoire. Villes, industries et voies de communication sont détruites. Elle n'a plus d'armée ni de gouvernement, accuse la perte de six millions de personnes et est occupée militairement. La question de son avenir est posée.

Le PNB italien représente 40 % de son niveau d'avant-guerre. Elle a besoin de l'aide alimentaire américaine pour éviter la famine.

La France est intégrée dans le camp des vainqueurs. Mais la guerre a détruit la plupart de ses infrastructures et le PNB chute de moitié. La situation politique et sociale est très troublée en métropole, tandis que l'empire est miné par des mouvements de contestation parfois violents et radicaux.

La Grande-Bretagne jouit, elle, du prestige d'avoir été le seul pays à avoir lutté du début à la fin de la guerre contre A. Hitler. Mais le prix à payer a été élevé. La livre sterling n'est plus la monnaie des échanges internationaux, les réserves d'or et de devises ont fondu, l'empire colonial vacille.

b. Des empires coloniaux fragilisés et menacés

La Seconde Guerre mondiale porte un rude coup aux empires coloniaux des métropoles européennes.

En Afrique, les métropoles parviennent, tant bien que mal, au *statu quo*, rejetant tout projet de *self government*.

C'est surtout en Asie que la guerre condamne et met un

LE MONDE EN 1945

terme à l'ordre colonial européen. Les Japonais avaient diffusé, pendant leur occupation, une propagande anticoloniale et anti-occidentale les présentant comme des libérateurs. A la capitulation du Japon, l'Indochine, les Philippines, mais aussi l'Indonésie, constituent des zones terriblement fragiles, tandis que l'Inde et le Pakistan obtiennent leur indépendance dès 1947.

c. Un continent dévalué

L'Europe cesse définitivement d'être le pôle autour duquel s'organise les relations internationales et le commerce mondial.

Auparavant centre du monde, l'Europe est un simple enjeu de la lutte entre les deux nouveaux maîtres de la planète : les États-Unis et l'URSS, qui décident du règlement de la Seconde Guerre mondiale à Yalta et à Potsdam.

d. La conférence de Yalta

Elle réunit, du 4 au 11 février 1945, sur le territoire soviétique, en Crimée, le secrétaire général du parti communiste d'Union soviétique, J. Staline, le président américain, F. D. Roosevelt, et le Premier ministre britannique, W. Churchill.

Yalta passa, à tort ou à raison, pour le « symbole » du « partage de l'Europe » entre les Russes et les Américains.

Il est vrai qu'à l'exception de la Grande-Bretagne, les pays européens voient leur sort évoqué sans être présents. La France gaulliste, notamment, en retire un grand ressentiment. Pourtant, elle est bien traitée à Yalta, car on lui attribue, sur l'insistance de Churchill, une zone d'occupation en Allemagne et un siège de membre permanent de l'ONU, dont on décide la création. Churchill pressent qu'il est indispensable d'aider la France à se relever pour faire un contrepoids à l'URSS sur le continent européen.

Mais en fait il n'est pas question des zones d'influence à Yalta, Roosevelt s'opposant à cette notion. **Il est en revanche décidé que les peuples libérés du nazisme décideront de leur sort par voie d'élections libres.** Cela n'est pas réalisé dans les pays où l'Armée rouge est présente.

Yalta devint l'image, plus mythique que réelle, d'une division programmée et délibérée du monde, aboutissant cependant à une structure bipolaire de la puissance mondiale, dirigée de part et d'autre par Moscou et Washington.

B. URSS-ÉTATS-UNIS, NOUVEAUX MAÎTRES DU MONDE

a. L'URSS

L'URSS paie un lourd tribut à la Seconde Guerre mondiale : vingt-six millions de morts, un pays ravagé, des pertes économiques évaluées à six ans de PNB. **Mais elle tire des bénéfices territoriaux substantiels.** Elle conserve les conquêtes effectuées entre 1939 et 1941 à l'abri du pacte germano-soviétique (pays Baltes, Carélie finlandaise, Bessarabie roumaine, Russie blanche polonaise), et annexe le Nord de la Prusse orientale et la Ruthénie tchécoslovaque. Elle fait glisser de deux cents kilomètres vers l'ouest la frontière germano-polonaise, fixée désormais par les fleuves Oder et Neisse. Elle occupe surtout toute l'Europe centrale et orientale et se constitue un glacis de sécurité avant de le transformer en un bloc idéologique et militaire.

b. Les États-Unis

● **La puissance américaine.** Les États-Unis perdent trois cent mille hommes, ce qui est peu rapporté aux pertes des autres puissances. **Plus important encore, leur territoire est resté à l'abri de la guerre.** Leur potentiel industriel n'a pas été détruit, mais stimulé par la guerre. **Le PNB double, et représente presque la moitié de la production mondiale.** Le dollar, *as good as gold*, assis sur les deux tiers des réserves mondiales d'or, devient la monnaie des échanges internationaux, consacrée par les accords de Bretton Woods de 1944. Les Américains possèdent les deux tiers de la flotte marchande mondiale. Ils occupent le premier plan dans tous les secteurs de la production. Ils sont également la première puissance militaire et détiennent le monopole de l'arme atomique.

● **La fin de l'isolationnisme. Les Américains comprennent qu'ils ne peuvent plus vivre en dehors du monde.** L'attaque japonaise sur Pearl Harbor en 1941 leur montre que, même en voulant rester à l'écart des conflits, ils n'en sont pas à l'abri. Ils comprennent que, la guerre finie, il faut désormais gagner la paix, contrairement à ce qu'ils ont fait en 1919 et 1920.

Ils réalisent la nature du défi soviétique, ne pouvant laisser par principe une Europe dominée par une seule puissance, par souci d'équilibre des forces, et surtout par hostilité au communisme. H. Truman, qui succède à Roosevelt, leur propose donc de prendre la « tête du monde libre ».

LE MONDE EN 1945   7

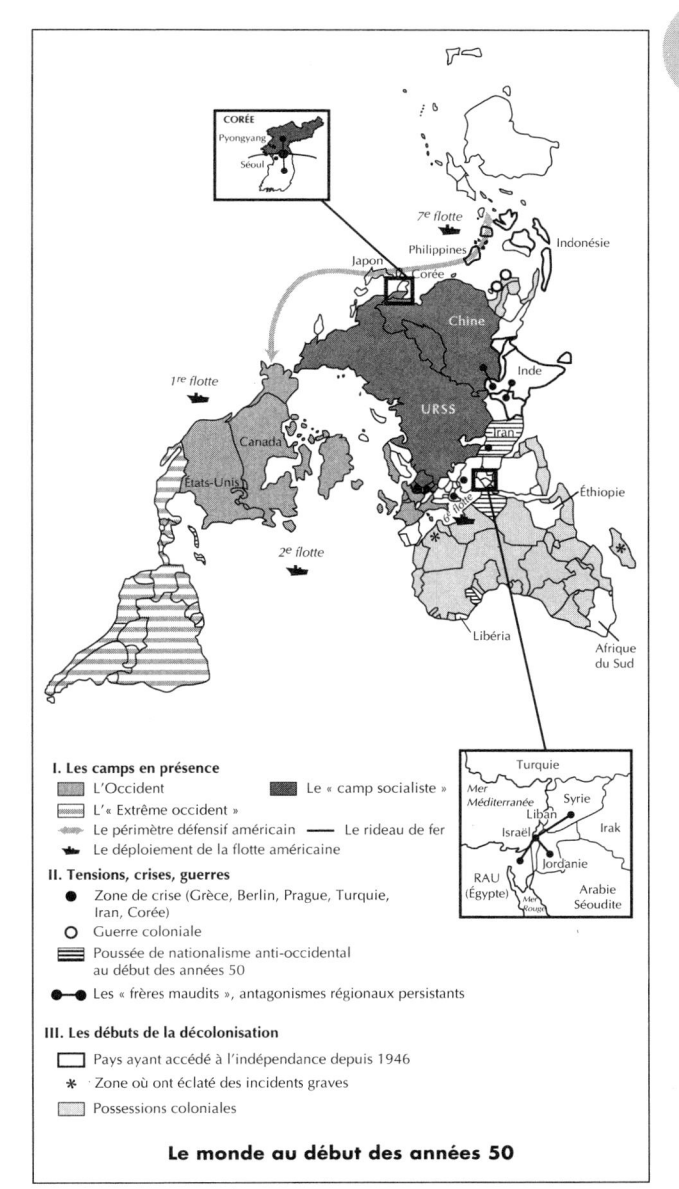

CORÉE
Pyongyang
Séoul

7ᵉ flotte
Philippines
Indonésie
Japon
Corée
Chine
Inde
1ʳᵉ flotte
URSS
Iran
Canada
États-Unis
Éthiopie
2ᵉ flotte
Libéria
Afrique du Sud

I. Les camps en présence
- L'Occident
- Le « camp socialiste »
- L'« Extrême occident »
- Le périmètre défensif américain
- Le rideau de fer
- Le déploiement de la flotte américaine

II. Tensions, crises, guerres
- ● Zone de crise (Grèce, Berlin, Prague, Turquie, Iran, Corée)
- ○ Guerre coloniale
- Poussée de nationalisme anti-occidental au début des années 50
- ●—● Les « frères maudits », antagonismes régionaux persistants

III. Les débuts de la décolonisation
- □ Pays ayant accédé à l'indépendance depuis 1946
- ∗ Zone où ont éclaté des incidents graves
- Possessions coloniales

Turquie
Mer Méditerranée
Liban — Syrie
Israël — Irak
RAU (Égypte) — Jordanie
Mer Rouge — Arabie Séoudite

Le monde au début des années 50

2 LA DIVISION DE L'EUROPE

L'alliance entre les vainqueurs d'Hitler prend rapidement fin après la victoire. L'Europe et le monde sont divisés en deux camps, l'Est, dirigé par l'URSS et l'Ouest, autour des États-Unis.

A. LA CONSTRUCTION D'UN BLOC SOVIÉTIQUE

a. L'expansion soviétique

Pour Staline, « qui occupe un territoire, impose également son propre système social. Chacun impose son système aussi loin que son armée avance ! ».

Après 1945, Staline renonce au socialisme dans un seul pays et **veut pousser l'influence soviétique le plus loin possible**. Il compte sur la lassitude des démocraties occidentales, épuisées par six années de conflit. Il a en tête les accords de Munich de 1938, où, par peur d'entrer dans une guerre, ces démocraties avaient cédé à Hitler, sans pour autant l'éviter par la suite.

Il exerce des pressions sur l'Iran qu'il fait partiellement occuper après la guerre. Il réclame un droit de regard sur les détroits turcs du Bosphore et des Dardanelles, qui permettent le passage de la mer Noire à la Méditerranée. Moscou soutient une guérilla communiste en Grèce.

En Asie également, les mouvements communistes se développent. En Chine, les maoïstes sont en passe de l'emporter. Des guérillas communistes apparaissent en Indochine, en Malaisie, en Birmanie et aux Philippines.

Pourtant, Staline ne veut pas rompre avec les Occidentaux dont il attend une aide économique.

b. Le « rideau de fer »

● Battu aux élections de juillet 1945, Churchill n'est plus Premier ministre et retrouve sa liberté de parole. **Il emploie publiquement cette expression** (qui figure déjà dans un télégramme envoyé en mai 1945 à Roosevelt) le 5 mars 1946 dans un discours prononcé à Fulton, aux États-Unis :

« De Stettin, sur le bord de la Baltique à Trieste, sur l'Adriatique, un rideau de fer est descendu à travers le continent européen. Derrière cette ligne, toutes les capitales des anciens États

LA DIVISION DE L'EUROPE 9

d'Europe centrale et orientale sont désormais incluses dans la sphère d'influence soviétique. »

Selon lui, les Soviétiques ne souhaitent pas la guerre, mais les fruits de la guerre : l'expansion sans limites de leur pouvoir et de leur doctrine.

Le **discours de Churchill** est présenté comme le facteur initial de la guerre froide. Les historiens ne sont toujours pas d'accord pour savoir si Churchill ne fait que constater un phénomène préexistant, ou s'il contribue à réaliser ce qu'il dénonce. Toujours est-il que ce rideau de fer divise l'Europe dès 1945. Fixé par la limite de la présence militaire soviétique, le rideau de fer oppose les peuples situés à l'Est, qui passent sous domination de l'URSS, aux peuples situés à l'Ouest, que l'on appelle désormais « Occidentaux ».

● Après 1945, **l'Armée rouge occupe par droit de conquête** la Roumanie, la Bulgarie, la Hongrie, les parties orientales de l'Autriche et de l'Allemagne. Elle est présentée en tant qu'alliée et cobelligérante en Pologne et en Tchécoslovaquie.

Force d'occupation, elle dispose de grands pouvoirs pour intervenir dans les affaires intérieures des pays où toutes les institutions et les systèmes politiques sont à rebâtir. Elle contrôle les moyens d'information, infiltre les appareils d'État en reconstruction, en particulier la police.

Dans les gouvernements d'union nationale qui sont mis en place, le parti communiste (PC) occupe souvent le ministère de l'Intérieur. De 1945 à 1947, les opposants sont contraints au silence en Bulgarie, en Pologne, en Roumanie et en Hongrie.

Des élections truquées permettent l'élimination de ceux qui s'opposent trop ouvertement aux communistes, et ce d'autant plus facilement qu'aucun de ces pays n'a de traditions démocratiques.

C'est l'application de la « stratégie du salami », consistant à ne pas attaquer d'un coup l'adversaire, mais à le découper tranche par tranche.

c. Le coup de Prague

La Tchécoslovaquie est le seul État de l'Europe de l'Est à avoir été une démocratie libérale avant la guerre. Mais le PC y est puissant et dispose de 38 % des voix aux élections.

Par ailleurs, les dirigeants tchèques n'ont que peu confiance dans les démocraties occidentales, qui les ont abandonnés à Hitler en 1938. De plus, l'Armée rouge a joué le rôle de libératrice de la Tchécoslovaquie, et elle y est toujours présente.

Les communistes occupent le tiers des postes ministériels du gouvernement constitué en 1945, dont les ministères de la Défense et de l'Intérieur. **En février 1948**, ils demandent le départ des ministres non communistes ; devant le refus du président E. Beneš, des milices armées se forment avec la complicité d'une police noyautée.

Les opposant au PC sont emprisonnés ou exécutés. Le président Beneš démissionne en juin et est remplacé par le communiste K. Gottwald. **La Tchécoslovaquie devient une « démocratie populaire ».**

d. Échec en Yougoslavie et en Finlande

Deux pays font échec aux tentatives de l'URSS de les mettre sous influence.

La Finlande est libérée par l'URSS, qui installe un gouvernement antifasciste dont le ministre de l'Intérieur est communiste. Néanmoins, les Finlandais obtiennent le retrait des troupes soviétiques, en échange d'un traité d'amitié. Leur politique étrangère allait s'aligner sur celle de Moscou. Mais le régime politique est semblable à ceux des Occidentaux. Le terme de « finlandisation » qualifie – à tort, car les Finlandais ont fait reculer l'Union soviétique – un régime démocratique de type occidental qui approuve la diplomatie soviétique.

En Yougoslavie, la libération du pays a été largement l'œuvre des partisans de Tito. Celui-ci veut faire passer directement son pays au communisme. Staline sentant qu'il n'a pas de prise sur lui, car sa légitimité est forte dans le pays, essaye de le faire condamner par les communistes yougoslaves. Mais la solidarité nationale est plus forte que la légitimité politique de Moscou. C'est le premier « schisme » communiste. La Yougoslavie demeure communiste mais adopte une politique étrangère non alignée, souvent très critique à l'égard de celle de l'URSS.

e. La doctrine Jdanov

Le 22 septembre 1947, l'URSS crée le Kominform – Bureau d'information commun aux PC européens – pour coordonner leurs activités.

Le souci de Staline est en fait de regrouper les PC pour mieux préparer l'« excommunication » de Tito, jugé trop indépendant à l'égard de Moscou. Mais les Occidentaux y voient le signe de

LA DIVISION DE L'EUROPE   11

la reconstitution du Komintern – l'Internationale communiste – que Staline avait dissous en 1943 pour prouver à ses alliés qu'il avait cessé de préparer la révolution mondiale.
Les termes très durs du communiqué final, préparé par A. Jdanov, confortent les craintes occidentales :
« Deux clans se sont formés dans le monde : d'une part le camp impérialiste antidémocratique, qui a pour but essentiel l'établissement de la domination mondiale, et d'autre part le camp anti-impérialiste et démocratique dont le but essentiel consiste à saper l'impérialisme, à renforcer la démocratie, à liquider les restes du fascisme. »

B. LES RÉACTIONS OCCIDENTALES

D'abord circonspects vis-à-vis de Staline, les Occidentaux, sous la direction des Américains, réagissent vigoureusement. Le président Truman se montre moins conciliant vis-à-vis de Moscou que ne l'a été Roosevelt.

a. La doctrine Truman

Le président américain estime qu'après avoir livré une guerre longue et coûteuse contre Hitler, Mussolini et le Japon, **les démocraties occidentales ne doivent plus céder à une nouvelle menace,** qui leur paraît tout aussi grave.
Il estime que les Européens de l'Ouest sont trop affaiblis par la guerre pour résister à Staline. Il veut donc « ranger les États-Unis à la tête du monde libre ». Les Britanniques, qui pensent que les Européens ne sont pas en mesure de contrer la poussée soviétique, l'encouragent dans cette voie.
Le 12 mars 1947, Truman s'adresse au Congrès : « Je crois que les États-Unis doivent soutenir les peuples libres qui résistent à des tentatives d'asservissement par des minorités armées ou des pressions venues de l'extérieur. Nous devons aider les peuples libres à forger leur destin de leurs propres mains. »
Pour la première fois de leur histoire, les États-Unis s'engagent, en temps de paix, hors de leurs frontières.

b. L'« endiguement »

La revue *Foreign Affairs* publie en 1947 un article, signé du pseudonyme « X », qui constitue l'architecture de la politique américaine face à l'URSS, le *Containment* (traduit en français par « endiguement »).

Son auteur, le diplomate G. Kennan, avait été en poste à Moscou. Selon lui, « l'élément principal de toute politique des États-Unis vis-à-vis de l'URSS doit être un endiguement à long terme, patient mais ferme et vigilant des tendances expansionnistes de la Russie, en vue d'opposer aux Russes une contre-force inaltérable en tout point où ils montreront les signes de leur volonté d'empiéter sur les intérêts d'un monde pacifique et stable ».

Il ne s'agit pas de faire reculer les Soviétiques des positions qu'ils ont acquises, **mais d'être ferme à leur égard pour qu'ils n'avancent plus**. Il faut donc construire des « digues » pour contenir toute avancée soviétique supplémentaire.

Kennan prévoit que si les Occidentaux parviennent à contenir la poussée soviétique, les maîtres du Kremlin, au bout d'un certain temps, reviendraient à une politique plus sage.

c. Le plan Marshall

Le 5 juin 1947, le général Marshall, qui dirige la diplomatie américaine, prononce un discours à Harvard dans lequel il s'inquiète de la situation économique européenne.

Il préconise une aide gratuite et importante pour l'Europe, sous peine de s'exposer à une dislocation économique, sociale et politique très grave.

Il s'agit, en fait, d'éviter que les difficultés économiques en Europe, notamment de ravitaillement, ne dégénèrent en troubles sociaux qui favoriseraient, immanquablement, les Soviétiques. Il faut pour cela faciliter la création d'un marché européen offrant un débouché aux produits américains.

Le plan Marshall est destiné à tous les pays européens. L'URSS le refuse pour elle et pour tous les pays qu'elle contrôle, par crainte de voir les États-Unis y élargir leur influence économique et politique. C'est du refus du plan Marshall (*European Recovery Program*) par les Soviétiques que date la véritable division de l'Europe : à l'Ouest les pays qui bénéficient de cette aide venue d'outre-Atlantique, à l'Est, les satellites de Moscou.

Le plan Marshall, qui représente 1,2 % du PNB américain de 1948 à 1952, permet le développement économique de l'Europe de l'Ouest. Il demeure une référence mythique d'aide économique réussie.

C. LA CRÉATION DES ALLIANCES MILITAIRES

a. L'OTAN

Les Occidentaux signent le 4 avril 1949 l'Alliance atlantique.
Auparavant, les Américains demandent aux Européens de créer une organisation européenne de sécurité (le pacte de Bruxelles, conclu en mars 1948), qui comprend la France, la Grande-Bretagne et les pays du Benelux ; elle sera étendue à l'Allemagne ainsi qu'à l'Italie en 1954, pour donner naissance à l'Union de l'Europe occidentale.

En juin 1948, le Sénat américain vote la résolution Vandenberg qui autorise, par 64 voix contre 4, le gouvernement américain à adhérer à des pactes militaires. Le traité de l'Atlantique Nord prévoit, en cas de menace, la consultation des parties.

Selon l'article 5 du traité de l'Alliance atlantique, en cas d'agression contre un pays membre, les États entreprennent les actions nécessaires, y compris l'emploi de la force armée, pour rétablir la sécurité. L'engagement militaire n'est donc pas automatique. Les cinq membres du pacte de Bruxelles, les États-Unis et le Canada invitent le Danemark, l'Islande, l'Italie, la Norvège et le Portugal à adhérer à l'Alliance atlantique. Après l'échec de la Communauté européenne de défense (CED), l'Allemagne rejoint l'Alliance atlantique en 1955. L'Espagne y adhère en 1981.

b. Le pacte de Varsovie

A la création de l'Alliance atlantique, l'URSS proteste, la déclarant contraire à la charte des Nations unies et la présentant comme une alliance agressive tournée contre Moscou. L'URSS, déjà liée par des pactes militaires bilatéraux avec tous les pays qu'elle contrôle, attend l'intégration de l'Allemagne de l'Ouest dans l'Alliance atlantique pour conclure le pacte de Varsovie en 1955. Présenté comme une riposte à l'adhésion allemande, il comprend, outre l'URSS, l'Albanie (qui en sort en 1961), la Hongrie, la Pologne, la Roumanie, la Tchécoslovaquie et la République démocratique allemande (RDA).

Il est prévu qu'en cas d'agression armée contre un pays membre, l'assistance des alliés est automatique. Le pacte de Varsovie ne sera jamais utilisé en cas d'agression armée, et sa vocation militaire se limite à un rôle de police interne au camp soviétique, à Budapest en 1956, à Prague en 1968 (▶ **chapitre 10**).

3   LA DIVISION DE L'ALLEMAGNE

L'Allemagne, coupée en deux, symbolise la division de l'Europe et occupe une place de choix dans les préoccupations stratégiques des deux Grands.

A. L'ALLEMAGNE, UN ENJEU ENTRE L'URSS ET LES ÉTATS-UNIS

a. La situation après la guerre

En 1945, l'Allemagne perd un quart des territoires reconnus allemands par le traité de Versailles de 1919. Les Alliés la dirigent par le biais d'une commission de contrôle composée des commandants en chef américain, soviétique, britannique et français, siégeant à Berlin. L'ancienne capitale du Reich est symboliquement divisée en quatre secteurs, situés dans la zone d'occupation soviétique.

Les Américains sont favorables à la création d'une administration centrale en Allemagne, mais les Français la refusent. Ils craignent qu'une fois réunifiée, l'Allemagne ne reconstruise sa puissance militaire pour la tourner de nouveau contre elle. Les souvenirs de 1870, 1914 et 1939 sont encore vivaces, d'autant que la France est la seule puissance d'occupation à avoir une frontière directe avec l'Allemagne. Chacune des quatre puissances d'occupation gère donc sa zone et son secteur dans Berlin. Plusieurs conférences diplomatiques tentent en vain d'aboutir à un accord sur le statut à accorder à l'Allemagne.

En juin 1948, Anglais et Américains unifient leur zone économique, y introduisant une nouvelle monnaie, le *deutsche Mark*, et convoquent une assemblée constituante pour toute la partie occidentale de l'Allemagne.

b. Le blocus de Berlin

Les Soviétiques ne sont pas hostiles à une division de l'Allemagne. Ils estiment avoir tout à gagner à empêcher la réapparition d'une puissance en Europe susceptible de se tourner de nouveau contre eux.

Le 31 mars 1948, le maréchal V. Sokolovski, commandant en chef des forces soviétiques en Allemagne, décide de contrôler militairement toutes les relations entre les zones occidentales de

Berlin et l'Allemagne orientale. Berlin étant situé en zone soviétique, **il s'agit d'obliger les Occidentaux à quitter Berlin et à réunifier l'ex-capitale du troisième Reich sous égide soviétique.** C'est donc un blocus qui isole Berlin-Ouest.
Les Américains organisent un « pont aérien » (l'expression date de cette époque) pour ravitailler la ville. Si Moscou peut sans peine bloquer voies terrestres et ferroviaires, elle ne peut stopper le pont aérien, sauf à abattre les avions et prendre l'initiative d'un affrontement.

c. La fin du blocus

Le 12 mai 1949, les Soviétiques mettent un terme au blocus. Berlin-Ouest est de nouveau reliée à l'Allemagne occidentale par route et chemin de fer. Le blocus et sa levée, grâce au pont aérien, ont deux conséquences :
– l'Allemagne de l'Ouest comprend qu'elle doit le sauvetage de Berlin aux États-Unis. Seuls ces derniers sont en mesure de garantir sa sécurité face à l'URSS. L'Allemagne est durablement alignée sur la diplomatie américaine ;
– Berlin, symbole de l'agressivité allemande et du militarisme prussien, capitale du troisième Reich, devient l'emblème du combat pour la liberté face à l'Union soviétique. Le blocus permet la réhabilitation politique des Allemands aux yeux des démocraties occidentales et la réintégration de leur pays dans le camp occidental. Mais il éloigne la perspective de toute réunification.

B. LES DEUX ÉTATS ALLEMANDS

a. La division officialisée

Après le blocus de Berlin, on se dirige vers une officialisation de la division de l'Allemagne. **Le 8 mai 1949,** l'Allemagne de l'Ouest est instituée État indépendant par la « loi fondamentale de Bonn », nouvelle capitale de la République fédérale d'Allemagne (RFA). Le mot « constitution » n'est pas employé car, officiellement, l'objectif de la réunification n'est pas abandonné. Le démocrate-chrétien K. Adenauer en devient chancelier en septembre 1949. Moscou réagit immédiatement et réunit à Berlin-Est le « Conseil du peuple » qui proclame le 7 octobre la « République démocratique allemande ».

b. L'intégration de la RFA dans le camp occidental

● L'intégration politique : le plan Schuman

Le **9 mai 1950**, le ministre français des Affaires étrangères, R. Schuman, reprenant une idée de J. Monnet, propose de réaliser la construction européenne par le biais de **« relations concrètes créant d'abord une solidarité de fait »**, aboutissant à éliminer l'opposition séculaire qui avait conduit la France et l'Allemagne à se faire trois fois la guerre depuis 1870. Son plan consiste « à placer l'ensemble de la production franco-allemande de charbon et d'acier sous une autorité commune » afin de rendre toute guerre « non seulement impensable mais matériellement impossible ». A l'époque, le charbon et l'acier sont des matières premières hautement stratégiques. **Le plan Schuman aboutit à la création de la Communauté européenne du charbon et de l'acier (CECA), dotée d'une Haute Autorité supranationale.** Elle réunit, outre la France et l'Allemagne, l'Italie, la Belgique, les Pays-Bas et le Luxembourg. La Grande-Bretagne refuse de s'y joindre, pour sauvegarder sa souveraineté nationale.

● L'intégration militaire

La menace soviétique en Europe, la guerre de Corée ainsi que le conflit indochinois incitent les Occidentaux à faire participer l'Allemagne à une défense commune. Mais les Français redoutent toujours de faire les frais de la reconstruction militaire allemande. La France souhaiterait une armée allemande plus forte que l'armée soviétique, mais moins forte que l'armée française. Ce qui est évidemment impossible.

Le ministre français de la Défense, R. Pleven, propose de créer une armée européenne dans laquelle soit incluse l'Allemagne. La RFA n'aurait pas de force nationale, mais ses unités seraient intégrées dans une armée européenne créée **sous l'égide d'une Communauté européenne de la Défense (CED)**. Le plan lie le réarmement allemand à la construction politique européenne et permettrait de laisser l'Allemagne en dehors de l'OTAN (▶ **chapitre 2**). Mais les partis politiques français sont opposés à la dissolution de l'armée française dans une armée européenne qu'implique automatiquement cette idée. Le projet de Communauté européenne de Défense est rejeté le 30 août 1954, après de très vifs débats politiques en France. L'échec de la CED implique l'intégration de l'Allemagne dans l'OTAN, après qu'elle renonce à posséder des armes atomiques, biologiques et chimiques.

LES CONFLITS DE LA GUERRE FROIDE

A. LA NOTION DE GUERRE FROIDE

● On doit l'expression à un conseiller de Roosevelt, **B. Baruch**, qui l'emploie pour la première fois en 1947. La guerre froide sert parfois à qualifier la période allant de la fin de la Seconde Guerre mondiale à la chute du mur de Berlin. C'est confondre guerre froide et relations Est-Ouest, qui ont connu successivement phases de glaciation et détente. Au sens strict, la guerre froide caractérise la période de 1947 à 1962 (du refus du plan Marshall jusqu'à la crise de Cuba) et connaît son paroxysme avec la guerre de Corée. La fin de ce conflit, la mort de Staline (1953), le premier sommet des quatre puissances, États-Unis, URSS, Royaume-Uni, France (1955), sont autant de jalons conduisant à la détente.

● **La guerre froide** s'organise selon le principe défini par R. Aron, « **guerre improbable, paix impossible** ». La guerre est improbable parce que la dissuasion nucléaire empêche les superpuissances de transformer la guerre froide en conflit réel. Mais la paix est impossible parce que les buts des deux acteurs principaux sont antagonistes. L'URSS veut établir le communisme à l'échelle mondiale, le monde occidental rêve, quant à lui, de voir disparaître la menace socialiste.

Il n'est alors pas possible, comme dans le système classique des relations internationales faites de rivalités au sein d'un système commun à tous, de revenir à une paix véritable : la rivalité est trop forte.

● **Les relations entre l'Union soviétique et les Américains sont ce que l'on appelle un « jeu à somme nulle ».** Les sommes qui sont en jeu dans la partie sont les mêmes du début à la fin. Dès lors, tout gain qu'un joueur peut réaliser ne saura l'être qu'au détriment de l'autre. Aucun bénéfice mutuel n'est possible. La dissuasion nucléaire empêchant tout conflit de se développer, on en reste donc au stade de l'invective et de la guerre de propagande. Les deux Grands prennent soin, malgré tout, de s'arrêter à un seuil : un conflit armé direct.

Il n'y eut jamais d'affrontement de ce type entre Soviétiques et Américains. Les opérations armées sont confinées dans le tiers monde, à la périphérie des deux systèmes centraux, et concernent soit les alliés des superpuissances, soit un seul des deux Grands.

L'incompatibilité des buts des protagonistes et l'obligation de contrôler leur hostilité réciproque débouchent sur une impasse. Le *statu quo* est donc obligatoire jusqu'à la disparition de l'un des deux.

B. LA GUERRE DE CORÉE

C'est la guerre la plus meurtrière de la période, le premier conflit Est-Ouest. Elle est considérée comme le paroxysme de la guerre froide.

a. Les origines du conflit

- Après 1945, la Corée, occupée depuis 1910 par le Japon, doit obtenir son indépendance. Américains et Russes l'occupent de part et d'autre du 38e parallèle, simple ligne de démarcation fixée entre les deux armées. Une commission mixte doit mettre en place un gouvernement coréen. Mais elle échoue devant les désaccords entre Américains et Soviétiques.
- La situation est comparable à celle de l'Allemagne. Chaque superpuissance a son protégé, la Corée du Nord (dirigée par Kim Il-Sung) pour l'URSS, la Corée du Sud pour les États-Unis. La première a un régime communiste, la seconde, une dictature capitaliste.
- Le 12 janvier 1950, quatre mois après la victoire de Mao en Chine, le secrétaire d'État américain D. Acheson décrit le périmètre défensif des États-Unis dans le Pacifique en excluant la Corée. Staline y voit probablement la possibilité d'une intervention.
- Le paradoxe est que le conflit le plus meurtrier de la guerre froide soit déclenché à propos d'un territoire jugé non stratégique tant par Moscou que par Washington. Mais c'est justement parce que la Corée n'est pas un enjeu prioritaire que la guerre éclate.

b. La guerre

- L'ONU entre en guerre

Le 25 juin 1950, deux corps d'armée nord-coréens franchissent le 38e parallèle et envahissent le Sud.

Le gouvernement américain réunit le Conseil de sécurité de l'ONU, profitant de l'absence temporaire de l'URSS (qui boycotte le Conseil pour protester contre l'attribution du siège de membre permanent prévu pour la Chine à Taïwan et non à

Pékin) pour obtenir la condamnation de la Corée du Nord. L'URSS, absente, ne peut opposer son veto. Le 7 juillet 1950, le Conseil de sécurité demande aux Américains de prendre le commandement de la force des Nations unies. Les Américains constituent bientôt 90 % des armées onusiennes.
Le 2 octobre, elles passent à l'offensive et franchissent à leur tour le 38e parallèle. Le général MacArthur, qui les commande, veut réunifier la Corée à l'avantage du Sud. Les alliés européens se prononcent contre cette solution, de peur qu'elle ne suscite une intervention directe de l'URSS et de la Chine, et l'extension du conflit.

● **La révocation de MacArthur**
Les Chinois réagissent à leur tour, craignant que le franchissement du 38e parallèle par les Américains ne soit le prélude à une intervention en Chine populaire même, où les communistes viennent à peine de s'installer au pouvoir. Dès le mois d'octobre des « volontaires » chinois se battent aux côtés des Nord-Coréens et franchissent le Yalu (fleuve séparant la Mandchourie chinoise de la Corée). Le 4 janvier 1951, Séoul, la capitale du Sud, est évacuée. MacArthur, humilié, estime que les victoires de ses adversaires sont dues au fait qu'ils peuvent se préparer tranquillement en territoire chinois. Il propose d'étendre le conflit à la Chine et demande même le droit d'utiliser des armes nucléaires. Le président Truman refuse et le révoque le 10 avril 1951. Réaffirmant la suprématie du politique sur le militaire, il affiche son hostilité à une extension du conflit hors de la péninsule.

● **L'armistice**
Les troupes américaines, renforcées, parviennent à regagner du terrain. Après l'échec de plusieurs offensives de part et d'autre, la situation se stabilise sur le 38e parallèle. Chacun s'aperçoit que l'on aboutit à une impasse militaire. Les Soviétiques proposent d'en faire une frontière. **L'armistice est signé à Pan Mun Jon le 27 juillet 1953, cinq mois après la mort de Staline.** Une zone démilitarisée de quatre kilomètres sépare les deux pays.

c. Les leçons du conflit
● Il est le plus meurtrier de la guerre froide : deux millions et demi de morts et de blessés. C'est le premier conflit limité de l'après-guerre. Les Américains n'ont pas utilisé l'arme nucléaire. Ils ont agi sous couvert de l'ONU et, officiellement, ce ne sont pas des militaires chinois qui sont intervenus, mais des « volontaires ».

● La guerre de Corée marque l'apothéose de l'anticommunisme aux États-Unis (maccarthysme). L'Alliance atlantique se dote de structures permanentes avec l'OTAN. Les Américains renforcent leur présence militaire en Europe. Jamais l'URSS n'a fait aussi peur.

C. LA GUERRE DE SUEZ (1956)

La guerre de Suez constitue une victoire militaire transformée en déroute diplomatique.

a. La nationalisation du canal

● **Nasser prend le pouvoir en Égypte en 1952, peu après la destitution de Farouk par l'armée.** Il veut faire de l'Égypte le chef de file des pays arabes et, au-delà, des pays musulmans et même du tiers monde. Il n'est pas communiste, mais son nationalisme ombrageux et ses attaques verbales contre Israël inquiètent rapidement le monde occidental. Aussi les États-Unis refusent-ils de lui livrer les armes modernes qu'il réclame, craignant qu'elles ne servent contre Israël. Nasser menace alors de se fournir auprès de l'URSS.

● Les États-Unis pensent qu'il bluffe et qu'une alliance entre ce pays musulman, serait-il laïque, et le cœur du communisme est impossible. Soucieux de prouver son indépendance, Nasser se tourne réellement vers Moscou. L'URSS profite de l'aubaine pour, grâce à ces ventes d'armes, prendre pied au Proche-Orient.

● Les Américains réagissent en annulant l'aide financière prévue pour la construction du barrage d'Assouan. Cet ouvrage doit permettre d'irriguer un million d'hectares en Égypte et donc de résoudre une partie des problèmes de ravitaillement du pays. Il représente de plus le symbole d'une Égypte moderne, capable de construire de « nouvelles pyramides ».

● **Pour répliquer aux sanctions américaines, Nasser décide de nationaliser le canal de Suez le 26 juillet 1956.** Cette décision a surtout des répercussions négatives pour la Grande-Bretagne, principale utilisatrice du canal, et pour la France. Les États-Unis, quant à eux, utilisent peu le canal et restent soucieux de calmer le jeu pour ne pas se mettre à dos les nations arabes et pour continuer à avoir le meilleur accès possible au pétrole de ces pays.

● La circulation du canal est régie par une convention de 1888 qui prévoit son ouverture en temps de paix comme en temps de

LES CONFLITS DE LA GUERRE FROIDE   21

guerre à tous les navires de commerce ou de combat. Mais Nasser avait déjà interdit le passage des navires à destination d'Israël. Paris et Londres craignent qu'il ne s'approprie totalement un droit de contrôle sur cette artère stratégique.

● Les négociations entamées ne peuvent déboucher sur un accord. La France et la Grande-Bretagne se dirigent alors vers une solution militaire. Nasser est présenté dans les médias comme un nouvel Hitler. Paris lui reproche, de plus, d'aider les nationalistes algériens, qui ont commencé une lutte armée pour l'indépendance en 1954.

b. Les opérations militaires

● Français et Britanniques se concertent avec Israël. Un plan commun et secret est décidé le 22 octobre 1956. Israël doit attaquer l'Égypte le 29. Prétextant alors que la sécurité du canal est en danger, la France et la Grande-Bretagne adresseraient un ultimatum à l'Égypte et à Israël, exigeant le retrait de leurs troupes à quinze kilomètres du canal. Faute de quoi ils occuperaient ce dernier pour assurer la liberté de circulation. Situation inacceptable pour l'Égypte, car ce serait laisser à Israël tout le Sinaï, territoire égyptien. Le refus prévisible du Caire devrait donc permettre l'intervention franco-britannique.

● Initialement, tout se passe comme prévu. **Cette intervention est une réussite militaire. Mais elle suscite de très vives protestations dans l'ensemble du tiers monde, où elle est perçue comme une opération coloniale.** Les Américains sont furieux de n'avoir pas été prévenus. L'URSS est doublement satisfaite, d'abord parce que l'affaire de Suez fait oublier la répression à Budapest (▶ **chapitre 10**), ensuite parce qu'elle lui permet de se poser comme protectrice du tiers monde. Voyant que son expansion est désormais impossible en Europe, Moscou essaye donc de contourner les pays de l'OTAN par le tiers monde.

● Le 5 novembre, Moscou envoie un ultimatum à Paris, à Londres et à Tel-Aviv. S'il n'est pas mis fin à l'expédition, l'URSS se dit prête « à utiliser toutes les formes modernes d'armes destructrices ». L'allusion à une menace nucléaire est explicite, et elle est tragiquement ressentie dans ces trois pays, qui n'ont pas les moyens de répliquer.

● Les Américains, qui ne sont pas mécontents de montrer aux Anglais et aux Français qu'ils sont les leaders du monde occidental, et qu'il ne faut donc pas agir sans eux et encore moins sans leur autorisation, refusent de garantir leur sécurité face à l'URSS. Ils spéculent de plus contre la livre britannique. Les Européens cèdent, transformant leur succès militaire initial en fiasco diplomatique.

c. Le bilan

La guerre de Suez a deux vainqueurs : l'URSS et l'Égypte.

L'URSS de N. Khrouchtchev n'a pas combattu, mais montre à l'ensemble des pays du tiers monde qu'elle est leur allié naturel, en mesure de les protéger contre des vieilles puissances coloniales de plus en plus contestées. Elle est désormais considérée comme un recours possible, ce dernier ne nécessitant pas un alignement sur son régime politique. Elle commence ainsi sa progression dans le Sud en s'appuyant sur des leaders nationalistes.

L'Égypte de Nasser, dont le prestige sort grandi, prend pour quelque temps la tête du monde arabe. Elle a résisté efficacement aux puissances coloniales (France, Grande-Bretagne) et à Israël. Sa défaite militaire est effacée au profit de la victoire politique.

Les États-Unis substituent leur influence à celle des puissances européennes au Proche-Orient, où la rivalité soviéto-américaine se prolonge.

La Grande-Bretagne en conclut qu'il lui est désormais impossible d'intervenir sans l'aide ou le feu vert américain.

La France de la IVe République en tire la leçon inverse. Il ne lui faut plus compter sur l'aide américaine. Elle accélère donc son programme atomique pour affirmer son indépendance et se doter d'une autonomie stratégique.

LA DISSUASION NUCLÉAIRE 5

Le monde entre dans l'ère nucléaire le 6 août 1945, avec le bombardement d'Hiroshima.

A. L'APPARITION DU FAIT NUCLÉAIRE

a. Le projet Manhattan

En 1941, Roosevelt lance le projet Manhattan. Il s'agit de mettre au point une arme nucléaire avant les Allemands. L'Allemagne capitule avant que les Américains ne procèdent au premier essai atomique le 16 juillet 1945. Mais la peur de voir l'Allemagne nazie se doter de cette nouvelle arme a mobilisé les énergies des savants qui travaillent à ce projet. Beaucoup d'entre eux sont originaires d'Europe centrale, et ont fui les persécutions nazies.

● L'administration songe alors à utiliser la bombe pour terminer la guerre contre le Japon. Il y a de nombreux débats pour savoir s'il est légitime d'employer une telle arme contre une population civile. A cette époque, les bombardements sur les villes sont choses courantes en Allemagne ou au Japon : Dresde et Tokyo ont déjà subi de violents bombardements aériens.

● Certains proposent de lancer l'arme simplement au large de la baie de Tokyo pour impressionner les Japonais et les amener à la reddition, mais les Américains n'ont alors que trois armes nucléaires. Dans le cas d'un éventuel échec d'une explosion (ce qu'on ne peut exclure vu la nouveauté de l'arme), les Américains se trouveraient démunis.

● Le président Truman estime qu'il est nécessaire d'infliger des chocs très brutaux au Japon pour lui permettre de se rendre sans « perdre la face ».

● Il s'agit également de finir la guerre au plus tôt, avant que l'URSS, qui vient d'entrer en guerre avec le Japon, n'en occupe une partie.

● Par ailleurs, si le Japon ne peut que perdre la guerre, la durée et l'ampleur des combats peuvent fort bien s'éterniser. Les Américains craignent que l'armée de terre japonaise, qui, contrairement à la marine et à l'armée de l'air, est intacte, ne se livre à une résistance désespérée pour défendre le territoire japonais. On calcule que la poursuite des combats conventionnels

coûterait deux millions de morts, civils et militaires, américains comme japonais.
- Pour toutes ces raisons, il semble donc nécessaire d'accélérer la fin de la guerre.

b. Le bombardement d'Hiroshima et de Nagasaki

Le 6 août 1945, le bombardier *Enola Gay* largue une bombe baptisée « Little Boy » au-dessus d'Hiroshima, faisant 66 000 morts immédiatement, et plusieurs dizaines de milliers par la suite. La puissance de l'explosion représente l'équivalent de 14 000 tonnes de TNT. Les militaires japonais censurent les informations concernant le bombardement. Le 9 août, une seconde bombe explose au-dessus de Nagasaki, faisant 40 000 morts. L'empereur Hirohito se rend sur les ruines et proclame le 14 août la reddition du Japon.

B. LE CONCEPT DE DISSUASION

a. Les bombardements stratégiques

La théorie des bombardements stratégiques n'est pas nouvelle. Elle souligne que les guerres ne se gagnent plus seulement sur le front, mais également à l'arrière, en attaquant les centres industriels et urbains, afin de priver les pays de leurs ressources.

La différence, avec l'arme atomique, c'est qu'une seule bombe fait davantage de dégâts que les raids effectués par plusieurs centaines d'avions.

- **L'arme nucléaire apparaît comme le symbole de la puissance et également comme un correcteur d'inégalité.** Sur le plan conventionnel, face à la supériorité en armes classiques de l'Union soviétique, les Américains n'ont pas besoin d'avoir autant de chars que l'URSS, s'ils peuvent répliquer à une attaque conventionnelle massive par des armes nucléaires. C'est ce que le président D. Eisenhower traduit par la formule « *A bigger Bang for less Buck* » (« un plus gros boum pour moins de dollars »).
- **Au départ, on ne peut parler de dissuasion nucléaire.** L'arme nucléaire apparaît comme une arme plus efficace, car plus puissante, que les autres. Ce n'est que par la suite et à partir des effets destructeurs de l'atome que l'on a conceptualisé la dissuasion nucléaire.

LA DISSUASION NUCLÉAIRE

● Certes, la dissuasion a existé bien avant l'arme nucléaire, comme le rappelle le précepte latin « *si vis pacem, para bellum* » **Ce qui change avec l'arme nucléaire, c'est le caractère radical de la dissuasion.** Les dégâts qu'elle provoque sont tels qu'ils dissuadent toutes velléités agressives. Dans le cadre d'un conflit nucléaire, un pays ne peut plus faire la balance des coûts et des avantages de celui-ci. Les coûts sont forcément plus grands : la menace d'un anéantissement total et le potentiel destructeur de l'arme nucléaire constituent paradoxalement un facteur de paix.
● Le fait est que l'Europe, pourtant divisée idéologiquement comme jamais, connaît alors une période de paix exceptionnellement longue par rapport à son histoire. Et cela, alors même qu'elle abrite la plus vaste accumulation d'arsenaux militaires de tous les temps. **A l'inverse, les zones non couvertes par la dissuasion situées hors de l'Europe connaissent de nombreuses guerres.**

b. Une stratégie de non-guerre

Selon H. Kissinger, la dissuasion est la tentative d'empêcher un adversaire de doter sa ligne d'action en lui opposant des risques qui lui paraîtraient sans commune mesure avec les dégâts escomptés.

● Dès 1946, B. Brodie écrit : « **Jusqu'à maintenant, le principal objectif de notre appareil militaire était de gagner des guerres, désormais son but principal doit être de les éviter.** » Mais c'était un visionnaire, et peu d'analystes ont compris la différence fondamentale entre armes classiques et armes nucléaires.
● En même temps, le caractère radical de l'arme nucléaire suscite des réserves dans l'opinion publique. Churchill résume cette ambivalence en déclarant : « A l'âge nucléaire, la sécurité sera le robuste enfant de la terreur et la survie, la sœur jumelle de l'annihilation. »

c. La course aux armements

Les Américains ne conservent pas longtemps leur monopole atomique. **En 1949, à leur grande surprise, les Soviétiques font exploser leur propre arme atomique, bientôt suivis par les Britanniques (aidés par les Américains) en 1952, puis par les Français en 1960, enfin par les Chinois en 1964.** Soviétiques et Américains se lancent alors dans une course aux armements nucléaires, qui n'est que partiellement limitée par l'*Arms Control* (▶ **chapitre 8**).

Les arsenaux passent de quelques armes nucléaires à la fin des années 40-début des années 50 à plusieurs milliers d'ogives à la fin des années 80.

C. LES STRATÉGIES NUCLÉAIRES

a. Représailles massives

- A la fin des années 50, l'Union soviétique n'est pas en mesure d'atteindre avec ses armes nucléaires le territoire américain, ses missiles et ses bombardiers n'ayant pas de portée suffisante.
- Les Américains, eux, peuvent bombarder le territoire soviétique grâce aux forces aériennes stationnées à la périphérie de l'URSS. La géographie des alliances crée donc une très grande disparité stratégique. **Ils développent alors une stratégie dite de « représailles massives »** (*Massive Retaliations*), consistant à riposter, même en cas d'attaque conventionnelle en Europe, par l'emploi de l'arme atomique sur le territoire de l'Union soviétique.
- Cet engagement ne leur fait guère courir de risques, les Soviétiques ne pouvant répliquer à l'identique. Devant l'ampleur de la menace, Moscou est donc dissuadée d'attaquer l'Europe occidentale, malgré sa supériorité en armes conventionnelles.

b. La riposte graduée

- Après le premier essai d'un missile balistique intercontinental (ICBM) par l'URSS en 1957, **le territoire américain est sous la menace des armes nucléaires soviétiques**. Les Américains développent une **stratégie de « riposte graduée »** (*Flexible Response*). Ils ne veulent plus garantir la sécurité automatique de Bonn ou de Rome si le prix à payer est d'exposer à une frappe nucléaire Chicago ou Washington.

Selon cette doctrine, les Américains riposteraient d'abord à une attaque conventionnelle soviétique par des armes conventionnelles. Si l'URSS était ensuite amenée à utiliser des armes nucléaires tactiques (armes nucléaires de courte portée également appelées, pour cette raison, armes du champ de bataille), ou si elle enfonçait les défenses de l'OTAN, ils suivraient cette escalade avec les mêmes types d'armes pour enrayer l'offensive. En dernier lieu seulement, ils feraient usage de leurs armes nucléaires stratégiques.

LA DISSUASION NUCLÉAIRE

- Pour les Européens, c'est une réduction de l'engagement américain à les défendre. Mais n'ayant pas d'armes nucléaires (hormis la France et la Grande-Bretagne), ils sont obligés d'accepter cette nouvelle doctrine. **La riposte graduée est sévèrement critiquée parce qu'elle admet l'idée d'un combat nucléaire, ce qui est par nature contraire au concept de dissuasion.** Dans ce cadre, les armes nucléaires ont plus pour fonction de gagner la guerre que de l'éviter. Le risque est, par ailleurs, de détruire ce qui doit être protégé. L'OTAN l'adopte comme doctrine en 1967, après le retrait de la France des organes militaires intégrés.

c. La stratégie française

- **Après 1960, la France gaullienne développe pour sa part une dissuasion de stricte suffisance.** Il n'est pas question pour la France de suivre Moscou et Washington dans la course aux armements. Elle n'en a pas les moyens financiers.
- La France peut, en revanche, dissuader une superpuissance de l'attaquer simplement en menaçant de lui infliger, avec sa propre force nucléaire, des dommages dépassant les bénéfices que l'agresseur pourrait escompter de son attaque. C'est ce que l'on appelle **le pouvoir égalisateur de l'atome ou la stratégie du « faible au fort ».** Il n'est pas besoin d'avoir autant d'armes nucléaires pour dissuader un pays, serait-il superpuissance, de l'attaquer. La comparaison des forces, décompte arithmétique valable pour les armes classiques, n'a ici plus de sens.
- L'arme nucléaire permet à la France de ne pas craindre la menace soviétique, et de se montrer indépendante face à Washington, n'ayant plus besoin de sa protection.
- La force nucléaire française protège le sanctuaire national (c'est-à-dire l'Hexagone) et les intérêts vitaux de la France. Ceux-ci n'ont pas de définition géographique mais politique, et ne sont pas affirmés à l'avance pour laisser l'adversaire dans l'incertitude.
- Les États-Unis et l'OTAN se montrent au départ très critiques vis-à-vis de la constitution de l'arsenal nucléaire français. Ils craignent la multiplication des centres de décision nucléaire. Ce n'est qu'en 1974 qu'ils admettent que la possession par la France d'une force nucléaire autonome renforce la sécurité globale de l'Alliance atlantique.

6 LA CRISE DE CUBA

La crise de Cuba est probablement la tension la plus grave de la guerre froide. On envisagea même une guerre nucléaire entre les deux superpuissances.
De cette crise naît la prise de conscience de l'absolue nécessité de la détente.

A. L'ORIGINE DE LA CRISE

a. Castro au pouvoir

● Fidel Castro prend le pouvoir à Cuba en janvier 1959. Il entreprend une politique de nationalisation des terres et des entreprises qui lui attire l'hostilité des Américains, principaux détenteurs des richesses, notamment sucrières, de l'île.

● Ceux-ci organisent une tentative de débarquement de militants anticastristes en avril 1961, dans la baie des Cochons. Après cet échec, Castro se proclame marxiste-léniniste et recherche l'aide de l'Union soviétique pour garantir la survie de son régime. Pour Moscou, c'est une occasion inespérée de s'implanter **à cent cinquante kilomètres des côtes américaines**.

● Castro est au départ un leader nationaliste et progressiste. **L'hostilité tenace des Américains, qui ne peuvent supporter dans leur arrière-cour un régime qui ne soit pas aligné sur le leur, le pousse à rechercher la protection soviétique et à épouser finalement la cause communiste.** C'est le premier régime communiste dans l'hémisphère américain, ce qui est ressenti comme un défi, voire comme une menace inacceptable par les Américains. Par ailleurs, le but affiché de Castro est d'exporter la révolution dans l'ensemble du continent latino-américain. Washington n'a dès lors aucune difficulté à convaincre les pays d'Amérique latine d'isoler Cuba et le régime castriste.

b. Les fusées à Cuba

En octobre 1962, un avion espion américain détecte, au cours d'un vol de reconnaissance au-dessus de Cuba, la présence de rampes de lancement de missiles. A la demande des Cubains, les Soviétiques en avaient effectivement installé, exerçant ainsi une pression à proximité des côtes américaines. Pour les Cubains, il s'agit de garantir leur sécurité et d'éviter une nouvelle attaque.

LA CRISE DE CUBA

● Ce déploiement est inacceptable pour les États-Unis, qui n'ont jamais connu de menace militaire directe sur leur territoire. Une réponse à ce défi est difficile à trouver. Il n'est pas question d'envahir Cuba, car cela provoquerait immanquablement un affrontement direct avec les troupes soviétiques, qui y sont stationnées. Mais ne rien faire signifierait l'acceptation d'une menace constante, d'une grave remise en cause des équilibres stratégiques existants, et la perte de toute crédibilité tant aux yeux des alliés européens qu'à ceux des pays latino-américains.

B. LE DÉROULEMENT DE LA CRISE

a. L'affrontement verbal

● Après avoir beaucoup hésité, le président J. F Kennedy choisit de mettre en place un blocus autour de l'île pour empêcher les navires soviétiques d'apporter de nouvelles fusées. Il y en a déjà une vingtaine sur place.

● Le 22 octobre 1962, Kennedy fait une déclaration solennelle devant les télévisions. Il annonce la présence des fusées, et évoque le spectre d'une guerre nucléaire : « Nous ne courrons pas prématurément et sans nécessité les risques d'une guerre mondiale, déclare-t-il, mais nous ne reculerons pas face à ce risque à tout moment où il faudra l'envisager. »

Le lendemain, Khrouchtchev réplique sur le même ton à la radio soviétique. Il condamne le blocus, qu'il qualifie d'acte de piraterie, et déclare : « Si les agresseurs déclenchent la guerre, l'URSS ripostera en infligeant les coups les plus puissants. » Il souligne que l'URSS « n'est pas ou n'est plus un État auquel on puisse parler le langage de la force », mettant ainsi en avant la modification relative du rapport de force entre l'URSS et les États-Unis en faveur de la première depuis la fin de la Seconde Guerre mondiale.

● Khrouchtchev évoque cependant une solution : l'URSS ne voulant pas la guerre, elle est prête à renoncer à sa base à Cuba si les États-Unis en font de même en Europe.

● Cette solution est inacceptable pour les Américains, car elle signifierait le démantèlement de leurs bases militaires en Europe. Ce serait la fin de l'OTAN et donc de tout le système de sécurité occidental.

b. La négociation secrète

- **Le rapport de force militaire interdit à l'URSS de forcer le blocus.** Les navires soviétiques en route pour Cuba font donc demi-tour. Mais rien n'est réglé, car il y a toujours des fusées sur place.
- **Le 26 octobre Khrouchtchev fait une proposition secrète à Washington.** L'URSS peut accepter de retirer les fusées déployées à Cuba si Washington s'engage à ne pas attaquer l'île. De surcroît l'URSS demande que les États-Unis retirent leurs fusées de Turquie et de Grande-Bretagne. Kennedy accepte la proposition, estimant que ces fusées ne changent pas radicalement le rapport de force.

c. L'accord soviéto-américain

- Les Soviétiques retirent leurs fusées sous le contrôle de l'ONU et les Américains s'engagent à ne pas attaquer Cuba.
- Seul Fidel Castro s'oppose à cette solution car il s'aperçoit qu'il a été utilisé par les Soviétiques dans leur bras de fer avec les Américains. L'embargo décrété par ces derniers à son encontre est toujours en place, et crée de graves difficultés économiques.
- Moscou et Washington s'entendent même sur son dos. Puisque Castro n'accepte pas la présence d'observateurs de l'ONU pour vérifier le démantèlement des fusées, l'URSS fait en sorte que les avions américains puissent les dénombrer sur le pont des bateaux qui les remportent démantelées.
- Jamais avant la crise de Cuba l'éventualité d'une guerre nucléaire n'a été évoquée ouvertement par les dirigeants soviétiques et américains. Elle ne l'est plus par la suite. Le véritable vainqueur de la crise est l'URSS : dans l'immédiat elle obtient le démantèlement de fusées américaines en Angleterre et en Turquie ; à terme les dirigeants soviétiques décident de mettre l'accent sur la construction d'une flotte de haute mer, même si Khrouchtchev, au pouvoir jusqu'en 1964, a l'impression de reculer face à Kennedy. Ce dernier a su à l'inverse se montrer à la fois ouvert et ferme, et il en tire une grande popularité.

LA DÉTENTE

La « détente » caractérise donc les relations Est-Ouest de 1962 à 1979. Le mot signifie « relâchement ». Il ne s'agit pas de nier les différences entre les deux régimes, ni même d'établir une entente entre Soviétiques et Américains. L'objectif est seulement de limiter les effets de leur rivalité.

A. LES MOTIVATIONS DE LA DÉTENTE

a. Pour les États-Unis

● Mise en application dès le début des années 60, elle est théorisée aux États-Unis par le président R. Nixon, élu en 1968, et par H. Kissinger, universitaire, conseiller national pour les affaires de sécurité, puis secrétaire d'État.

Au cours de la campagne présidentielle de 1968, Nixon déclare que les États-Unis doivent, dans leurs relations avec l'URSS, passer de la confrontation à la négociation. Il rejette l'idée de supériorité militaire, qui lui semble inaccessible pour un « concept de suffisance ». Nixon, républicain, est terriblement anticommuniste. Mais il est, ainsi que Kissinger, motivé par un profond réalisme. L'un et l'autre savent que les États-Unis ne sont plus aussi puissants qu'en 1945.

● La guerre du Viêt-nam (▶ **chapitre 9**) paraît une preuve supplémentaire du déclin relatif des États-Unis : dans ce conflit, malgré la disparité des forces, Washington s'enlise.

b. Pour l'URSS

● **La coexistence pacifique est la ligne générale de la politique étrangère de l'URSS depuis le XXᵉ Congrès du Parti communiste de l'Union soviétique (PCUS) de 1956.** Pour Khrouchtchev, on ne peut plus faire progresser la révolution par les armes. La guerre entre les deux camps peut être évitée car le camp socialiste est désormais assez puissant pour se défendre.

● C'est donc sur le plan pacifique qu'une confrontation doit se jouer entre les systèmes socialiste et capitaliste. Le meilleur doit prouver sa supériorité par ses succès économiques. En 1960, à la suite des succès indéniables d'une économie planifiée, le programme du PCUS envisage très sérieusement de rattraper la production industrielle américaine dès 1980.

Pour Moscou, une période prolongée de paix lui permettrait de gagner la guerre économique, tandis que le processus de décolonisation et les « contradictions internes du capitalisme » ne manqueraient pas de freiner la croissance occidentale.

● Parallèlement, la dissuasion nucléaire et l'équilibre de la terreur interdisent toute recherche de solution militaire à la confrontation soviéto-américaine. URSS et États-Unis doivent au contraire avoir en commun un but suprême, éviter la guerre nucléaire et la destruction de l'humanité.

● L. Brejnev, arrivé au pouvoir en 1964, prend cependant très vite conscience que la croissance économique de l'URSS planifiée par Khrouchtchev ne se réalisera pas. Il faut bien se résoudre à établir avec les Américains une relation apaisée pour gérer en commun un monde que nul ne peut dominer seul.

c. La *Realpolitik*

● **Kissinger se fait le chantre de la *Realpolitik*.** Il ne faut plus juger l'URSS sur des critères moraux (le régime est-il bon ou non ?), mais du point de vue des intérêts américains. L'URSS est-elle ou non capable de respecter des règles établies en commun ? Peu importe la nature de son régime politique, seul compte son comportement international par rapport aux intérêts américains.

● Pour Kissinger, la sécurité absolue à laquelle aspire une puissance se solde par l'insécurité absolue de toutes les autres. Il faut donc trouver un comportement par lequel s'équilibrent sécurité et insécurité relatives de chacun des participants.

● Cela conduit à un équilibre des forces. Celles-ci étant en constante mutation, il faut en permanence en négocier la stabilité. **Kissinger prône donc une retenue réciproque, établissant une « articulation »** (*linkage*) **entre différents problèmes.** Si les Soviétiques veulent un accord avec les Américains sur un sujet, ils doivent lâcher du lest sur un autre. Pour avoir un avantage commercial, il leur faut faire une concession sur le plan de la limitation des armements (▶ **chapitre 8**).

● **Américains et Soviétiques arrêtent donc les batailles de propagande et les croisades rhétoriques.** Les relations internationales ne sont plus perçues comme un jeu à somme nulle, mais comme un jeu à somme non nulle. Dans la même opération, Washington et Moscou peuvent être gagnants tous les deux.

● Il faut stabiliser la relation soviéto-américaine pour limiter la course aux armements qui épuiserait, à la longue, les économies

de ces deux pays et pour éviter que les conflits régionaux du type Proche-Orient, Viêt-nam (▶ **chapitre 9**) ne puissent dégénérer en une conflagration plus importante.
● Le *condominium* (la gestion en commun du monde) est donc inclus dans l'idée de détente, souvent perçu comme trop pesant par les autres États.

B. LE BILAN DE LA DÉTENTE
La détente n'est assurément pas une solution parfaite mais une nécessité dans un monde nucléaire portant en germe la destruction de l'humanité. Il ne s'agit pas de modifier les oppositions et les différences, mais d'en gommer les aspérités.
Comme l'écrit Kissinger, tout président américain apprend rapidement qu'il ne dispose que d'une marge de manœuvre étroite. Les États-Unis et l'URSS sont des rivaux idéologiques, la détente ne peut rien y changer. L'ère nucléaire les condamne à la coexistence. Il s'agit donc à la fois d'avoir une politique de coopération et de compétition et de trouver un équilibre entre les deux termes.

a. La détente limite la rivalité
● **La détente n'est pas plus une paix véritable que la guerre froide n'a été une guerre réelle.** Le Premier ministre chinois Zhou Enlai condamne ainsi la détente, en affirmant que **« les deux superpuissances dorment dans le même lit, mais en faisant des rêves différents »**.
● Il s'agit en fait d'établir un équilibre entre endiguement et coexistence, de contrôler le conflit potentiel, sans oublier la nature différente des deux régimes. Pour Nixon, « tout ce que l'on peut espérer de la détente c'est qu'elle minimise la confrontation dans les zones marginales et fournisse au moins des alternatives dans les principales ».
● Le communiqué soviéto-américain du 29 mai 1972 ayant trait aux principes fondamentaux des relations entre les deux pays peut être considéré comme la « charte de la détente » :
« Ils se fonderont sur leur conviction commune qu'à l'âge nucléaire il n'existe pas d'autre base que la coexistence pacifique pour étayer leurs relations. Les différences en matière d'idéologie et de systèmes sociaux, qui existent entre l'URSS et les États-Unis, ne font pas obstacle au développement des rela-

tions normales, basées sur les principes de souveraineté nationale, d'égalité de non-ingérence dans les affaires intérieures et de réciprocité des avantages. »
Le texte envisage également le développement de liens économiques et commerciaux, comme facteur important de renforcement de leurs relations bilatérales. Cette clause n'a pu toutefois être entièrement mise en œuvre, car l'amendement Jackson-Vanick au Sénat américain conditionne l'attribution de la clause de la nation la plus favorisée à l'URSS à la liberté d'émigration des juifs soviétiques.

b. Elle ne met pas fin à la compétition

La détente permet la maîtrise des armements et l'établissement de meilleures relations entre les deux capitales. Mais les adversaires américains de la détente mettent en évidence que les avancées faites par l'URSS, notamment dans le tiers monde, n'ont pas été maîtrisées par les États-Unis. Au cours de cette période, Moscou étend son influence au Yémen du Sud, en Syrie et en Libye (mais elle quitte l'Égypte), prend pied en Éthiopie, en Angola et au Mozambique (mais elle abandonne la Somalie), s'installe au Viêt-nam et au Cambodge. L'URSS profite souvent davantage d'erreurs occidentales qu'elle ne récolte les fruits de ses propres activités. **Toutefois, elle dispose d'un troisième cercle d'influence.**

On peut même penser que l'effort militaire soviétique aurait été beaucoup plus intense s'il n'avait été freiné par l'*Arms Control* (▶ **chapitre 8**).

Le déclin relatif, depuis 1945, des États-Unis par rapport à l'URSS n'est pas dû à la détente, mais constitue un processus historique inéluctable.

Par ailleurs, les États-Unis n'ont pas, eux non plus, oublié la confrontation avec l'URSS, lorsque, tout en négociant les **accords SALT** avec Brejnev, ils procèdent à des bombardements massifs sur le Viêt-nam, allié de l'Union soviétique.

Le déploiement des euromissiles à la fin des années 70 (▶ **chapitre 9**), et surtout l'invasion de l'Afghanistan par l'URSS mettent fin à la détente.

LA MAÎTRISE DES ARMEMENTS

La maîtrise des armements (*Arms Control*) constitue un moment très important de la détente. **Moscou et Washington**, soucieux d'éviter une guerre nucléaire et désireux de freiner la course aux armements, **établissent des plafonds communs à leurs arsenaux et font en sorte que le club nucléaire soit aussi fermé que possible.**

A. LA NOTION DE MAÎTRISE DES ARMEMENTS

Elle est développée dans les années 60 aux États-Unis. Il ne s'agit pas au sens strict de désarmement, car la réduction du nombre d'armes n'en est pas toujours l'objectif principal, mais plutôt d'en contrôler la course, en vue d'un équilibre des superpuissances. Il peut être question de **fixer pour certaines catégories d'armes des plafonds non encore atteints** (et donc de permettre, mais de façon concertée, la croissance des arsenaux), de **prévenir la course aux armements dans des secteurs** (armes biologiques) **ou dans des régions où elle n'existe pas** (espace, fonds marins, Antarctique).

Elle vise également à préserver le plus possible le monopole nucléaire de Moscou et de Washington en empêchant d'autres États de se doter de l'arme atomique.

Enfin, les deux Grands ont des responsabilités et des objectifs similaires : éviter le spectre d'une attaque-surprise, le déclenchement accidentel d'une guerre nucléaire ou une course aux armements trop ruineuse. C'est le but de la maîtrise des armements, qui fait reposer la sécurité sur un mélange de politique d'armement et de désarmement.

B. LES TRAITÉS MULTILATÉRAUX

Bien que décidés et négociés par les deux superpuissances, ces traités concernent tous les États.

a. Le traité d'interdiction partielle des essais nucléaires

● **Moscou et Washington veulent interdire les essais nucléaires** afin de limiter les possibilités de se doter de ce type d'armes pour les pays qui n'en disposent pas encore. **Le traité**

de Moscou signé le 5 août 1963 interdit les essais nucléaires, dans l'atmosphère, l'espace atmosphérique et sous-marin. Les essais souterrains restent permis pour trois raisons :
– États-Unis et URSS veulent conserver la possibilité d'améliorer leurs arsenaux ;
– il est impossible à l'époque de détecter une explosion souterraine ;
– par ailleurs, les essais souterrains sont beaucoup plus difficiles à réaliser que les essais atmosphériques. Moscou et Washington espèrent rendre ainsi plus difficile la prolifération nucléaire. Mais les deux principaux postulants au statut d'État nucléaire, la France et la Chine, refusent de s'associer au traité.

b. Le traité de non-prolifération des armes nucléaires (TNP)

On entend par prolifération des armes nucléaires l'augmentation du nombre d'États possédant ces armes. Le but des deux superpuissances est de préserver leur monopole et leur supériorité et d'éviter le risque de déclenchement d'une guerre nucléaire, que l'augmentation du nombre d'États possédant l'arme rendrait plus facile.

● **Le TNP repose en apparence sur un équilibre d'obligations**, les États nucléaires s'engageant (USA, URSS, Grande-Bretagne, France, Chine) à ne pas transférer d'armes nucléaires à ceux qui n'en ont pas, les États non nucléaires s'engagent à ne pas les acquérir.

● **Pour beaucoup, le TNP est la consécration de l'inégalité par le droit.** Ces armes nucléaires, jugées bonnes pour certains États, sont considérées comme dangereuses pour d'autres. Si les puissances non nucléaires opèrent une réelle renonciation, ce n'est pas le cas des États nucléaires, qui ne souhaitent pas partager leur privilège. Aussi de nombreux pays du tiers monde disposant de programmes nucléaires refusent-ils de le signer (Inde, Pakistan, Israël, Afrique du Sud, Brésil, Argentine).

● Mais la grande majorité d'entre eux préfère signer le traité. Même s'ils le jugent inégal, ils préfèrent un ordre injuste au vaste désordre qu'impliquerait une prolifération incontrôlée des armes nucléaires.

● Pour atténuer les aspects inégaux du traité, les puissances nucléaires s'engagent à négocier la réduction de leurs propres arsenaux et à faciliter l'accès aux technologies nucléaires civiles aux puissances non dotées d'armes nucléaires.

c. Les autres traités multilatéraux

● **En 1959**, les pays faisant valoir des revendications territoriales sur l'Antarctique se mettent d'accord pour les « geler » et démilitariser cette région.

● **En 1967**, en réaction à la crise de Cuba, les États latino-américains signent le traité de Tlatelolco (quartier de Mexico), établissant la dénucléarisation du continent.

● **En 1967** toujours, un traité institue la démilitarisation de la Lune et la dénucléarisation de l'espace extra-atmosphérique. En 1971, le plateau continental et le fond des mers sont à leur tour l'objet d'un traité interdisant d'y placer en permanence des armes nucléaires et de destruction massive.

D'autres traités proscrivent la fabrication d'armes biologiques (1972) et d'armes susceptibles de modifier l'environnement (1977).

Ces traités ont donc comme particularité d'être préventifs et de porter sur des domaines dans lesquels la course aux armements n'a pas encore été engagée.

C. LES ACCORDS SALT

Américains et Soviétiques ne se contentent pas de freiner l'effort militaire des autres pays. Ils limitent également leurs propres programmes.

a. Les motivations

● Les deux superpuissances réalisent que la course aux armements qu'elles ont lancée est vaine, car il est impossible pour l'une de distancer l'autre. Cette course débridée semble dangereuse. D'abord d'un point de vue financier. Même une superpuissance doit limiter ses dépenses militaires. Par ailleurs, il est de l'intérêt de chacun de planifier en commun l'évolution future des arsenaux pour éviter les risques de voir l'autre prendre un avantage unilatéral.

● **Les négociations** SALT (*Strategic Arms Limitation Talks*) **entamées en 1969 aboutissent à la conclusion d'un traité en 1972.** Ses résultats sont considérables. Pour la première fois dans l'histoire, les plus grandes puissances mondiales limitent volontairement et conjointement leurs arsenaux.

b. Le traité SALT I

● Il comprend deux volets. Un accord provisoire pour cinq ans limite le nombre de dispositifs de lancement de missiles balistiques à ceux qui existent ou qui sont en cours de construction à la date de la signature du traité. **Les deux Grands fixent donc un plafond pour les missiles mais pas pour les ogives nucléaires que chaque missile peut emporter. La course aux armements devient qualitative :** les uns et les autres essayent de placer le plus de têtes nucléaires possibles dans chaque missile, grâce à la technique du « Mirvage » (pour *Multiple Independantly Reentry Vehicule*).

- Moscou et Washington s'engagent à ne pas faire obstacle à la vérification du traité par leurs satellites espions respectifs. L'autre volet concerne les armes dites défensives, les missiles antibalistiques (ABM), qui ont pour fonction de détruire les missiles adverses avant qu'ils n'atteignent leur cible. Américains et Soviétiques avaient commencé à en déployer. Mais très rapidement les espoirs d'invulnérabilité suscités par ces missiles se dissipent : ils ne sont pas entièrement fiables, et protéger d'un réseau de missiles ABM l'ensemble des villes représenterait un coût exorbitant.

- Enfin, stratégiquement, Soviétiques et Américains concluent que le sentiment, même illusoire, d'une invulnérabilité aux frappes adverses pourrait déboucher sur une éventuelle agression. La vulnérabilité mutuelle paraît le meilleur gage de sagesse. Le traité ABM, conclu pour une période illimitée, réduit donc à deux sites de cent missiles défensifs par pays le déploiement autorisé. Par la suite, ce nombre est réduit à un unique site de cent missiles. L'URSS déploie le sien autour de Moscou pour protéger la capitale, Washington choisit, pour sa part, de le déployer autour d'un site de missiles pour s'assurer une capacité de riposte en cas d'attaque soviétique.

c. Le traité SALT II

- En 1979 J. Carter et L. Brejnev signent le traité SALT II. Il apporte des limitations quantitatives et qualitatives supplémentaires par rapport au traité de 1972. Il prévoit un plafond de 2 250 missiles pour chaque puissance, avec des règles plus sévères quant au nombre d'ogives nucléaires transportées.

- **Ces accords**, du fait de la dégradation des relations américano-soviétiques après l'invasion en Afghanistan, **ne sont pas ratifiés**. Ils sont cependant scrupuleusement respectés par Moscou et Washington, parce qu'il en va de leur intérêt commun.

CONFLITS ET CRISES DE LA DÉTENTE

La détente ne signifie en rien la fin des guerres. Mais celles-ci sont limitées au tiers monde et n'affectent pas le dialogue soviéto-américain. Les avancées de l'URSS dans le tiers monde et la bataille des euromissiles en sonnent le glas.

A. LA GUERRE DU VIÊT-NAM

Après son indépendance, en 1954, le Viêt-nam est divisé, de part et d'autre du 17e parallèle, entre un régime communiste dirigé par Hô Chi Minh, au nord, et un régime anticommuniste, au sud. Ce dernier est rapidement confronté à la résistance du Front national de libération (FNL), soutenu par les Nord-Vietnamiens.

a. L'engagement américain

● **Dès 1956**, les premiers conseillers américains interviennent pour faire barrage à l'expansion du communisme. La « théorie des dominos » (J. F. Dulles) implique en effet de ne pas laisser tomber un à un les pays de la région dans l'orbite de Moscou. Mais l'impopularité du régime sud-vietnamien, corrompu et brutal, oblige Washington à intervenir de plus en plus massivement. Le président L. B Johnson décide de conduire une véritable guerre dans la péninsule indochinoise.

● Il y a 275 000 soldats américains en 1965, 518 000 en 1969. Cet important déploiement et les bombardements sur les civils ne permettent cependant pas de mettre fin à la farouche résistance vietnamienne.

b. Une guerre critiquée

● Le bombardement des civils et l'utilisation d'armes au napalm scandalisent l'opinion publique internationale. De défenseurs de la liberté, les Américains sont perçus comme les agents d'une politique impérialiste agressive, et agresseurs d'un peuple faible luttant pour son indépendance.

● **Aux États-Unis même, la guerre devient impopulaire.** Les jeunes gens en instance d'incorporation se révoltent contre une guerre qu'ils ne veulent pas faire et qu'ils réprouvent. **Les Américains entrent ainsi dans une sévère crise de conscience.**

c. La paix

- Après l'arrivée de Nixon au pouvoir en 1968, des négociations s'engagent et débouchent, le 27 janvier 1973, sur un accord de paix signé par Kissinger et le dirigeant nord-vietnamien Le Duc Tho. On dénombrait 56 277 militaires américains tués.
- Le « syndrome vietnamien » frappe durablement les États-Unis, qui sont désormais rétifs à intervenir militairement à l'extérieur. L'opinion publique a joué dans cette évolution un rôle considérable.
- Sitôt le retrait américain opéré (avril 1975), les troupes du Nord Viêt-nam envahissent le Sud du pays et opèrent une réunification par la force. De nombreux Vietnamiens fuient alors clandestinement leur pays par bateaux (*boat people*), les communistes installant une dictature très dure.

B. LA GUERRE DU KIPPOUR

- La guerre des Six-Jours, troisième conflit israélo-arabe (1967), voit la victoire éclair des forces israéliennes qui conquièrent le Sinaï sur l'Égypte, la Cisjordanie et Jérusalem sur la Jordanie (les Territoires occupés) et le Golan sur la Syrie.
- Le 6 octobre 1973, profitant de la célébration de la fête juive de Yom Kippour, Égyptiens et Syriens attaquent les forces israéliennes dans le Sinaï et le Golan. L'armée israélienne est bousculée. Elle reprend cependant, à partir du 16 octobre, le dessus et repousse Égyptiens et Syriens. Militairement, c'est donc le *statu quo*, mais l'humiliation des défaites de 1948, 1956 et 1967 est effacée pour les pays arabes, le mythe de l'invincibilité israélienne mis à mal.
- Pensant que l'URSS pourrait offrir une couverture nucléaire aux pays arabes, Washington met ses forces nucléaires en état d'alerte. Mais les relations bilatérales entre les deux superpuissances fonctionnent bien et elles font pression sur leurs alliés respectifs (Israël pour Washington, la Syrie et l'Égypte pour Moscou) pour mettre fin à la guerre.
- Le cessez-le-feu est proclamé le 23 octobre. Mais pour protester contre le soutien des pays occidentaux à Israël, les pays arabes exportateurs de pétrole quadruplent le prix de l'or noir. **Le monde occidental prend de plein fouet ce premier choc pétrolier**, et connaît une grave crise économique.

CONFLITS ET CRISES DE LA DÉTENTE   41

C. LA GUERRE D'AFGHANISTAN

a. L'intervention soviétique

● Le parti communiste afghan, au pouvoir depuis le coup d'État de 1978, entreprend une politique de nationalisation et de distribution de terres fort mal acceptée par des populations rurales, traditionalistes et attachées à la religion. Le parti communiste, surtout implanté dans la capitale, est en outre divisé entre radicaux et modérés, chaque faction voulant éliminer l'autre.

● L'URSS veut tirer de l'ornière un régime ami avec lequel elle partage 2 500 kilomètres de frontières. Le 27 décembre 1979, 5 000 parachutistes soviétiques occupent l'aéroport de Kaboul. Il y a 50 000 soldats soviétiques sur le territoire afghan dès l'année suivante, 120 000 en 1981.

b. Le fiasco soviétique

● Le 14 janvier 1980, l'Assemblée générale des Nations unies adopte par 104 voix contre 18 une résolution condamnant l'intervention soviétique en Afghanistan. Le crédit de l'URSS dans tout le tiers monde est entamé. Les pays islamiques sont les plus virulents. Moscou, qui se présentait comme un allié naturel des pays en voie de développement, montre qu'elle peut, à son tour, avoir des ambitions impérialistes.

● L'intervention met également fin à la détente soviéto-américaine. Les accords SALT II (▶ **chapitre 8**) ne sont donc pas ratifiés, les Occidentaux (à l'exception de la France) boycottent les jeux Olympiques de Moscou de 1980, et la peur du danger soviétique contribue à faire élire R. Reagan à la présidence américaine. La détente est finie (▶ **chapitre 7**).

● **Les Moudjahidin luttent, équipés en partie par les États-Unis.** La résistance persiste et l'URSS ne peut y mettre fin. Quatre millions d'Afghans fuient le pays. L'URSS connaît son « syndrome vietnamien ». La guerre s'enlise et devient impopulaire. Lorsque les Soviétiques quittent l'Afghanistan en février 1988, ils ont perdu 13 310 hommes. La superpuissance soviétique a montré les limites de sa force.

D. LA BATAILLE DES EUROMISSILES

a. Les SS-20

A partir de 1975, l'URSS déploie des missiles nucléaires terrestres, les SS-20, baptisés « euromissiles », leur portée ne leur permettant pas d'atteindre le territoire américain. **Les dirigeants européens, au premier rang desquels ceux de la RFA, craignent alors un « découplage » de la défense de l'Europe et des États-Unis** (si l'URSS utilisait les SS-20, les Américains, certains de ne subir aucun dommage chez eux, pourraient, dès lors, ne pas se montrer solidaires de leurs alliés européens). Pour répondre à ce défi, les Européens demandent aux Américains de déployer leurs propres euromissiles.

b. La double décision

En décembre 1979, l'OTAN adopte la « double décision ». Les États-Unis décident de déployer des missiles de croisière et des Pershing II à partir de 1983, si, d'ici là, une négociation soviéto-américaine n'aboutissait pas à un accord de désarmement. Moscou choisit l'intransigeance, en profitant du décalage entre l'ouverture des négociations et le déploiement des missiles américains. L'URSS espère faire pression sur les gouvernements européens pour qu'ils renoncent aux missiles américains. Elle accuse Washington de relancer la course aux armements.

c. La victoire occidentale

Finalement, malgré une mobilisation d'une partie des opinions publiques ouest-européennes (d'importantes manifestations antinucléaires se déroulent notamment en Allemagne contre le déploiement), les Occidentaux tiennent bon et, devant l'échec de la négociation – que l'URSS, jouant la carte de l'intimidation, n'a jamais prise au sérieux –, les premiers déploiements de Pershing ont lieu en novembre 1983. Moscou perd la partie : elle n'a pas réussi à diviser les Occidentaux. Dans un discours prononcé au Bundestag le 20 janvier 1983, le président F. Mitterrand apporte un spectaculaire soutien au rééquilibrage des forces nucléaires en Europe. Ce rééquilibrage, faute de pouvoir se faire par le bas, par un accord de désarmement, doit d'abord se faire par le haut, avec le déploiement des Pershing II et des missiles de croisière. Ce déploiement constitue un très grave revers stratégique pour Moscou.

LES DIFFICULTÉS DU *STATU QUO* EN EUROPE

10

Les contestations radicales de l'ordre stratégique mis en place en 1945 ne réussissent pourtant pas à l'ébranler. Seules des remises en cause indirectes y portent atteinte.

A. LES DISSIDENCES À L'EST

L'ordre de Yalta (▶ **chapitre 1**), très pesant à l'Est, y est le plus contesté. **Dès 1953, une révolte ouvrière a lieu à Berlin-Est.** Les troupes soviétiques interviennent pour rétablir l'ordre, sans que les Allemands de l'Ouest ou les Américains ne réagissent.

a. Budapest, 1956

● Après le XXᵉ Congrès du PCUS et la dénonciation par Khrouchtchev du « culte de la personnalité », une certaine ouverture a lieu en Europe de l'Est. En Hongrie, le réformateur communiste **I. Nagy forme un gouvernement**.

● N'écoutant pas les conseils de prudence qui lui sont donnés par les autres dirigeants est-européens ayant conscience des limites à ne pas franchir, Nagy veut dépasser la simple déstalinisation. **Le 1ᵉʳ novembre 1956, il dénonce le pacte de Varsovie et proclame la neutralité hongroise, croyant, en se fondant sur leurs déclarations, que les Occidentaux vont l'aider.**

● Les Soviétiques interviennent brutalement, les insurgés sont écrasés en une semaine, sans que les Américains ni l'OTAN n'interviennent (▶ **chapitre 4**). Nagy est exécuté. J. Kádár le remplace. Il propose un « contrat d'oubli » aux Hongrois et instaure un régime relativement ouvert, au vu des standards est-européens, sur le plan tant politique qu'économique, mais diplomatiquement totalement aligné sur l'URSS : c'est le « socialisme de goulasch ».

b. Le printemps de Prague

● Devant les difficultés de l'économie tchécoslovaque, des réformateurs sont appelés au pouvoir en 1968. A. Dubček, membre de l'appareil politique, écarte la vieille garde communiste, met en place des réformes économiques, supprime la censure et rétablit la liberté syndicale. Sa popularité est grande dans son pays comme dans le reste du monde.

- **Il représente la possibilité d'un « socialisme à visage humain », inacceptable pour Moscou car c'est une remise en cause interne et fondamentale du système.** Par contraste, le modèle soviétique semblerait condamné. Aussi l'URSS provoque-t-elle, le 20 août 1968, une intervention des troupes du pacte de Varsovie pour mettre fin à ce qu'on appelle le « printemps de Prague ». Soixante-dix mille Soviétiques resteront stationnés en Tchécoslovaquie jusqu'à la dissolution du pacte de Varsovie. Dubček et les dirigeants tchécoslovaques sont évincés, **la normalisation ayant lieu sous l'égide de G. Husák.**
- **Le chef de l'État soviétique, Brejnev, développe à cette occasion une théorie de la « souveraineté limitée ».** La défense des intérêts du socialisme passe avant les intérêts particuliers de chaque pays. Mais seule l'URSS dispose du droit de déterminer ces intérêts supérieurs, qui se confondent en fait avec ses propres intérêts. A. Kossyguine avait prévenu Dubček : « Votre frontière [avec la RFA] n'est plus la vôtre. C'est la nôtre et nous ne l'abandonnerons pas. »

c. L'été de Gdańsk

- **En 1980**, les ouvriers polonais décident de s'organiser de façon autonome après que le gouvernement annonce une hausse des produits alimentaires pouvant atteindre 100 %. **Les grèves, parties des chantiers navals de Gdańsk, bastion de la classe ouvrière polonaise, s'étendent rapidement à l'ensemble du pays.**
L. **Walesa**, un ouvrier de ces chantiers, devient le porte-parole de la contestation. Le pouvoir doit négocier avec le syndicat indépendant qu'il dirige, Solidarnosc (Solidarité). Moscou, empêtrée dans la guerre d'Afghanistan et la bataille des euromissiles (▶ **chapitre 9**) laisse faire.
- **Les accords de Gdańsk** sont signés le 31 août. Les syndicats indépendants sont reconnus, la radio et la presse libéralisées. Pour la première fois dans un pays de l'Est, un syndicat indépendant du PC se voit reconnaître une existence légale. Deux pouvoirs se font face en Pologne : d'une part le pouvoir légal avec le parti et son secrétaire, le général W. Jaruzelski, d'autre part le syndicat Solidarnosc avec Walesa.
- **L'état de guerre** est proclamé le 13 décembre 1981 par Jaruzelski, les chefs syndicaux sont arrêtés. La reprise en main est opérée dans un cadre national, sans intervention soviétique.

LES DIFFICULTÉS DU *STATU QUO* EN EUROPE

La marge de manœuvre de Moscou est, il est vrai, très faible au vu de la dégradation des relations Est-Ouest et de la fin de la détente. La Pologne, cependant, est mise au ban des nations. L'URSS a de plus en plus de mal à faire régner l'ordre dans ses satellites. De 1956 à 1981, chaque intervention se fait moins forte et moins sanglante, mais moins acceptée par l'Ouest et les populations est-européennes.

B. LA SORTIE DE LA FRANCE DE L'OTAN

● Revenu au pouvoir en 1958, C. de Gaulle estime que la menace soviétique est moins aiguë qu'à la fin de la Seconde Guerre mondiale. Selon lui il y a une possibilité pour la France de jouer un rôle autonome et de se libérer de la protection et donc de la tutelle américaine.

● Le 17 septembre 1958, il réclame plus de pouvoir pour la France au sein de l'OTAN. Les Américains ne répondent même pas à sa demande. **De Gaulle attend que la France se dote de l'arme nucléaire pour, le 7 mars 1966, écrire au président Johnson, lui indiquant que la France se retire de la plupart des organes militaires intégrés de l'OTAN, tout en restant membre de l'Alliance atlantique.**

● Les forces américaines quittent la France et le siège de l'OTAN déménage de Paris à Bruxelles. La France et l'OTAN signent cependant l'année suivante des accords régissant leur coopération militaire dans l'éventualité d'un conflit.

● La France irrite les États-Unis et les autres pays de l'OTAN. Ceux-ci cependant ne peuvent aller à l'encontre de la volonté française. Comme le déclare le président Johnson : « Lorsque quelqu'un vous demande de partir de chez lui, vous ne discutez pas. Vous prenez votre chapeau et vous partez. »

● **La position particulière de la France, cependant, constitue à terme un atout pour l'Alliance atlantique.** La France peut, en effet, entreprendre vis-à-vis des pays du tiers monde une politique relativement originale, renforçant globalement le camp occidental.

C. L'*OSTPOLITIK* ET LA CSCE

Perçus parfois comme une acceptation du *statu quo*, l'*Ostpolitik* et les accords d'Helsinki minent l'ordre de Yalta.

a. Le mur de Berlin

Berlin représente le point de passage entre l'Allemagne de l'Est et l'Allemagne de l'Ouest. Si l'on ne peut pas passer directement de la RDA à la RFA, le passage de RDA à Berlin-Est se fait librement ainsi que celui de Berlin-Est à Berlin-Ouest, puis, de là, en Allemagne de l'Ouest.

● De 1949 à 1961, on estime à trois millions et demi le nombre d'Allemands de l'Est qui ont choisi la liberté. Pour la RDA c'est un défi inacceptable mettant par trop en évidence autant l'impopularité que les faiblesses du régime. De plus, ceux qui partent représentent les forces vives du pays.

● **La nuit du 13 août 1961, le gouvernement est-allemand fait donc édifier le long de la ligne de démarcation entre les deux secteurs de Berlin un mur** qui empêche tout passage entre les deux parties de la ville. Il est vite qualifié de « mur de la honte » et matérialise la coupure de l'Allemagne et, plus largement, de l'Europe, entre l'Est et l'Ouest.

b. L'*Ostpolitik*

● **W. Brandt**, un social-démocrate, arrive au pouvoir en 1969. Il met fin à la politique allemande dite « doctrine Hallstein », consistant à rompre les relations diplomatiques avec tout pays qui reconnaît la RDA.

Dans son esprit, il y a intérêt à normaliser les relations avec l'Est pour des raisons de sécurité (une guerre détruirait les deux parties de l'Allemagne), des raisons économiques (elle se prive du marché à l'Est), politiques (la division diminue son statut), humanitaires (il faut permettre des contacts entre des familles séparées depuis 1949).

L'idée de son conseiller E. Bahr est que, pour modifier un *statu quo*, il faut d'abord le reconnaître. Cela signifie que si l'on veut dépasser la division de l'Allemagne, il faut bien d'abord considérer son existence.

● Brandt adhère donc au traité de non-prolifération nucléaire pour rassurer l'URSS sur les intentions de l'Allemagne. Il ouvre des négociations directes avec l'Union soviétique, qui aboutissent à la signature du **traité de Moscou, le 12 août 1970**. Les deux pays renoncent à l'usage de la force dans leurs relations bilatérales et affirment n'avoir aucun différend territorial. **L'Allemagne reconnaît donc la ligne Oder-Neisse** comme frontière séparant l'Allemagne de l'Est et la Pologne, et renonce également aux possessions (Silésie, Prusse orientale) qui lui ont été retirées après 1945.

D'autres traités de réconciliation sont signés avec la Pologne, la République tchécoslovaque, de même qu'un traité fondamental en 1972, entre les deux Allemagnes : si elles ne se reconnaissent pas comme États, celles-ci se considèrent comme des entités séparées établissant des rapports officiels. Des contacts sont tolérés entre les deux Allemagnes, ce qui permet à la population est-allemande de comparer son niveau de vie avec celui de ses cousins de l'Ouest. Le ver est, dès lors, dans le fruit. Critiquée par les démocrates-chrétiens, l'*Ostpolitik* est pourtant poursuivie lorsqu'ils arrivent au pouvoir en 1982.

c. Les accords d'Helsinki

La Conférence sur la sécurité et la coopération en Europe (CSCE) aboutit le 1ᵉʳ août 1975 à la signature des accords d'Helsinki. Une telle conférence n'était pas possible auparavant pour deux raisons : le refus des Occidentaux de reconnaître implicitement la RDA en participant à une conférence avec elle ; le refus des Européens de l'Ouest d'exclure les États-Unis d'une conférence purement paneuropéenne proposée par les Soviétiques, du fait de l'importance capitale de la contribution américaine à la défense de l'Europe.

Après la mise en œuvre de l'*Ostpolitik*, ces deux obstacles sont levés. La CSCE réunit l'ensemble des pays européens (sauf l'Albanie), plus les États-Unis et le Canada, en tout trente-cinq États membres de l'Alliance atlantique, du pacte de Varsovie, ou membres neutres et non alignés.

• **Il y a trois séries d'accord.** La première concerne les questions de sécurité et établit la reconnaissance des frontières issues de 1945. Néanmoins la RFA obtient que soit préservée la possibilité de modification de ces frontières par des moyens pacifiques, afin de ne pas interdire une éventuelle réunification. Il y a une « corbeille » sur la coopération technique. La troisième série concerne les droits de l'homme, impliquant la libre circulation des idées et des hommes. Les termes sont vagues et l'Union soviétique ne tient pas ses engagements. Les accords établissent cependant un tribunal permanent pour mettre en accusation l'URSS sur le non-respect de ceux-ci. A l'intérieur du pacte de Varsovie les dissidents s'appuient sur ce texte pour réclamer plus de liberté.

11 LA *PERESTROÏKA*

Lorsque M. Gorbatchev arrive au pouvoir en 1985, l'URSS fait peur au reste du monde. Elle connaît néanmoins de graves difficultés, source de faiblesses rendant nécessaires d'importantes réformes.

A. LES FAIBLESSES DE L'URSS

Depuis 1945, les Occidentaux se demandent s'ils doivent être conciliants ou fermes à l'égard de l'Union soviétique. Tous sont d'accord pour estimer que l'URSS est une superpuissance militaire, bien que l'on sache que le niveau de vie des citoyens y est très faible.

a. La solitude diplomatique

● En recherchant une sécurité maximale, l'URSS a réussi, du point de vue occidental, à effrayer le reste du monde. Au milieu des années 80, son isolement est presque total.

● Elle domine l'Europe de l'Est mais elle n'y est pas réellement acceptée. Quarante ans après la fin de la Seconde Guerre mondiale, les dirigeants communistes n'ont toujours pas acquis de légitimité propre. Seule la doctrine Brejnev tient lieu de ciment au pacte de Varsovie. Les relations avec le voisin chinois ne sont pas meilleures. De sérieux incidents frontaliers ont émaillé la fin des années 60, qui marque la rupture définitive des investissements et de l'aide technique et technologique soviétique. Les Chinois conservent de profondes réserves et rancœurs à l'égard de leur voisin. Le monde communiste est donc loin d'être uni.

● L'entrée de ses troupes en Afghanistan, le déploiement d'euromissiles à partir du milieu des années 70 mettent fin à la détente et dégradent les relations avec les pays de l'OTAN, permettant en revanche un resserrement des liens entre les différents pays de l'Alliance atlantique, alors que l'objectif de l'Union soviétique depuis 1945 consiste à découpler l'Europe des États-Unis.

● En Asie, elle ne peut compter pour allié que le Viêt-nam et la Corée du Nord, eux-mêmes parias connaissant de vives difficultés économiques, alors que tous les pays de la zone connaissent un fort développement. La destruction en vol, en septembre 1983, d'un avion de ligne sud-coréen avec 269 passagers à bord, par la défense aérienne soviétique, crée un vif émoi. En Afrique et en Amérique latine le modèle de développement (l'industrie industrialisante) qu'offrait l'URSS fait faillite.

b. Les difficultés économiques

● Après avoir connu une réelle croissance dans les années 50, celle-ci entre, au cours des années 70, dans une inquiétante période de stagnation. Pourtant riche de matières premières, l'URSS ne connaît pas de puissant développement industriel. Les objectifs des plans, décidés de façon arbitraire par les autorités centrales (Gosplan de l'Union), sans référence aux besoins réels, sont rarement atteints.

● **La planification bureaucratique, la trop grande concentration de l'industrie lourde et l'incapacité à répondre aux choix des consommateurs expliquent l'inefficacité de l'industrie soviétique.** Cette dernière, en l'absence de toute sanction du marché, est incapable de soutenir la compétition avec ses concurrentes occidentales, sauf dans le domaine de l'industrie de défense.

La croissance de l'URSS est surtout le fait de l'industrie lourde dans les années 50 et 60, mais elle ne conduit ni à une diversification sectorielle ni même à une quelconque « troisième révolution industrielle », c'est-à-dire à la haute technologie. L'URSS accuse un retard important dans les domaines de la robotique, des ordinateurs géants, des lasers, de l'optique et des télécommunications. Les résultats de l'agriculture ne sont toujours pas satisfaisants, liant l'URSS aux exportations occidentales. Finalement, elle paie les choix sectoriels faits par Staline, à peine modifiés par ses successeurs, qui ont considéré que l'agronomie, les industries électroniques puis informatiques étaient « petites-bourgeoises » et sans intérêt pour la patrie du prolétariat. Ces technologies, très déconcentrées dans leurs modes de production et d'élaboration, peuvent par ailleurs sembler incompatibles avec un système soviétique particulièrement centralisé, où, par exemple, les photocopieuses, dans les universités, sont encore contrôlées par le KGB.

Même si l'URSS veut se doter de ces équipements, elle aura du mal, semble-t-il, à trouver les capitaux nécessaires à cet investissement massif, du fait de l'importance des dépenses militaires, estimées à 15 à 20 % du PNB contre 7 % aux États-Unis ou 4 % en France.

- L'agriculture est également dans un état déplorable. Car si la Russie tsariste était l'un des plus gros exportateurs de céréales, l'URSS est, pour sa part, un importateur net. Le climat n'est assurément pas en cause. L'origine de la faillite réside, en effet, dans l'organisation de la production et la « déresponsabilisation » des producteurs. Bien que Moscou consacre 30 % de ses investissements et 20 % de sa main-d'œuvre à l'agriculture (contre respectivement 5 et 3 % aux USA), la productivité est sept fois moindre que celle des États-Unis.
- Tout cela a des conséquences sur l'état de la société. **Les Soviétiques sont citoyens d'une superpuissance, mais ils connaissent des problèmes quotidiens de ravitaillement et de logement.** L'alcoolisme – qui concerne quarante millions de personnes – fait des ravages. L'espérance de vie moyenne passe de 67 ans en 1970 à 61 ans en 1980 : exemple unique de recul dans un pays développé.

B. LES RÉFORMES DE GORBATCHEV

Gorbatchev est conscient de la nécessité des réformes. En 1986, il déclare devant le Comité central du PC que l'URSS n'est pas encerclée par des armées invincibles, mais par des économies supérieures.

a. *Perestroïka* et *glasnost*

Gorbatchev comprend que l'URSS est dans une impasse et que si elle veut accéder aux capitaux et à la technologie occidentale pour se moderniser, elle ne doit plus faire peur.

Il est également nécessaire de responsabiliser la population, de changer son rapport à la société, pour qu'elle se mette réellement au travail et de façon plus efficace.

Sous son impulsion, les dirigeants soviétiques comprennent que s'il n'y a pas une restructuration totale, l'URSS risque de se « tiers-mondiser ».

- Le retard technologique peut également avoir une influence sur la capacité militaire de l'URSS. La puissance militaire dans les années 80 n'est plus seulement évaluée en termes arithmétiques (nombre de chars, d'avions, etc.) mais aussi au vu des qualités technologiques de ses éléments.
- Gorbatchev lance donc la *perestroïka* (« restructuration »). Il s'agit d'en finir avec la stagnation économique et de faire de

l'entreprise le principal maillon du système économique, en donnant moins de pouvoir aux organes centraux et à la bureaucratie. Il faut encourager l'initiative privée et libérer les énergies individuelles. Parallèlement, il engage une politique de démocratisation et de transparence (*glasnost*).

● Afin de rassurer les dirigeants occidentaux, **Gorbatchev joue la carte de l'ouverture et de la transparence.** Lors de l'explosion de la centrale nucléaire de Tchernobyl, le 25 avril 1986, il n'y a pas de censure sur l'information, comme cela était le cas auparavant. Les prisonniers politiques, dont A. Sakharov, sont libérés, la presse devient plus libre. Les œuvres autrefois interdites sont autorisées. Une commission d'enquête sur les victimes de Staline est créée et les élections deviennent un peu plus ouvertes.

b. L'opération de charme international

Sur le plan international, le changement est spectaculaire. L'arrivée de Gorbatchev au pouvoir crée un nouveau climat. Ouvert, non agressif, Gorbatchev éclipse même dans les médias Reagan. On a parlé pour évoquer ce phénomène de « gorbimania ». Gorbatchev devient vite plus populaire en Occident (et tout particulièrement en RFA) qu'en URSS.

● Mettant en avant les intérêts communs supérieurs de l'humanité, il développe la coopération, en gommant le plus possible la compétition idéologique. Selon lui, l'émergence des armes de destruction massive constitue une limite objective à la confrontation de classe. **Une désescalade de l'équipement militaire soviétique permettrait, à terme, de réaliser des investissements massifs dans une économie civile anémiée,** et donc de briser le cercle vicieux de la crise, de satisfaire les besoins socialistes de la population.

● C'est sur le plan européen que la politique gorbatchévienne est la plus développée. **Il déclare que l'Europe est une « maison commune » dans laquelle « chaque famille peut avoir son propre appartement ».** C'est donc une critique du rideau de fer et de la doctrine Brejnev.

● Les Occidentaux se demandent si ces ouvertures sont franches ou relèvent de la propagande. Gorbatchev veut réformer l'Union soviétique, il la conduit, involontairement, à sa disparition. Son objectif consistait, en fait, à faire réellement entrer l'URSS dans la communauté mondiale.

12 LA FIN DE L'EMPIRE SOVIÉTIQUE

A. LA FIN DE L'EMPIRE INTERNATIONAL

L'Empire soviétique, défendu par une armée surpuissante, disparaît sans avoir été vaincu militairement. C'est un véritable effondrement intérieur qui se produit.

a. Le retrait du tiers monde

● Lancée dans une compétition pour la suprématie mondiale avec les États-Unis, l'URSS a constamment voulu prendre pied dans le tiers monde et élargir le champ de ses alliances.

● Après 1985, sous l'effet de son échec en Afghanistan et de l'accroissement des difficultés économiques, elle modifie sa politique tiers-mondiste. **Le déploiement soviétique est désormais perçu non plus comme une avancée dans la lutte contre les Américains, mais comme un fardeau financièrement difficile à supporter** (▶ chapitre 7). La présence dans le tiers monde est devenue un luxe trop coûteux.

● Elle s'en dégage donc, jouant l'apaisement dans des conflits régionaux qu'elle attisait auparavant (en Amérique centrale, en Afrique australe, en Asie), réduisant ou supprimant son soutien aux divers mouvements nationaux de libération ou aux États alliés (Angola, Corne de l'Afrique). Elle donne la priorité à la coopération économique et non plus aux relations idéologiques. Aussi noue-t-elle des relations avec la Corée du Sud, au détriment de la Corée du Nord, ou bien encore diminue-t-elle l'aide militaire qu'elle apporte à Cuba, au Viêt-nam ou à la Syrie. Enfin, elle rétablit ses relations diplomatiques avec Israël, délaissant ses alliés arabes, qualifiés d'« orphelins de la *perestroïka* ».

b. La libération de l'Europe de l'Est

Gorbatchev voudrait lever la tutelle sur les pays de l'Est tout en conservant un contrôle stratégique sur ces derniers.
Il met fin à la doctrine Brejnev en soulignant, à partir de 1987, la nécessité de trouver des solutions propres à chaque pays et le droit pour chacun de suivre un chemin indépendant. En décembre 1989, le pacte de Varsovie condamne même sa propre intervention de 1968 en Tchécoslovaquie. Le spectre d'une intervention militaire soviétique en Europe de l'Est est conjuré.

c. L'effondrement des régimes communistes

Tous les pays de l'Est connaissent une crise politique, sociale et économique.

● **Le point de fixation de la contestation demeure la Pologne.** Jaruzelski, comme Gorbatchev, comprend qu'il est nécessaire de faire adhérer la population au changement. Il organise même un référendum en 1987, première élection libre depuis 1945 dans toute l'Europe de l'Est. Mais il reste l'homme de la proclamation de l'état d'urgence en 1981. Le non l'emporte.

Jaruzelski et Solidarnosc se mettent alors d'accord sur la tenue d'élections législatives libres, en échange de la promesse de l'arrêt des grèves. Les élections sont organisées en juin 1989 et gagnées par Solidarnosc. Moscou n'intervient pas. La légitimité des urnes l'emporte sur la solidarité du camp socialiste. La Pologne, qui a été depuis des siècles d'une importance stratégique capitale pour Moscou, échappe à son contrôle.

● Les Hongrois, qui ont bénéficié toujours d'une grande autonomie depuis 1956, suivent cette direction. En janvier 1989, leur pays s'engage sur la voie d'élections libres. **En mai 1989, la Hongrie démantèle, à grands renforts de publicité, le rideau de fer qui la sépare de l'Autriche.** Nagy (▶ **chapitre 4**) est réhabilité en juin. De nombreux Allemands de l'Est passent par la Hongrie pour aller en Allemagne de l'Ouest *via* l'Autriche. Budapest refuse de les refouler et repousse les demandes de Berlin-Est.

● C'est donc la RDA qui interdit à ses citoyens de se rendre en Hongrie. Mais le mouvement est irréversible. **C'est par la Tchécoslovaquie que fuient les Allemands de l'Est.** D'immenses manifestations sont organisées pour contester le régime. Le 7 octobre, pour le quarantième anniversaire de la création de la RDA, Gorbatchev prévient les dirigeants est-allemands qu'il ne faut pas compter sur l'appui soviétique pour réprimer les mouvements populaires. Le destin du régime est-allemand, qui subsiste par la force et la peur, est scellé. La politique d'ouverture de la Hongrie a dynamité le pacte de Varsovie.

● **Le 9 novembre 1989, les dirigeants est-allemands se résignent à ouvrir le mur de Berlin en espérant enrayer l'exode de leurs concitoyens.** Mais, craignant que cette ouverture ne soit temporaire, cent trente mille personnes fuient l'Allemagne de l'Est au cours du seul mois de novembre. La réunification allemande est, dès lors, inscrite dans les faits.

- **La Bulgarie et la Tchécoslovaquie suivent le mouvement et organisent des élections libres**. L'ancien dissident V. Havel est élu Président à Prague, à l'issue de la « révolution de velours », changement pacifique de régime. **En Roumanie, c'est un coup d'État qui provoque la chute du régime Ceaucescu.** Le « camp socialiste » implose en quelques semaines.

B. LA FIN DE L'UNION SOVIÉTIQUE

a. L'échec de Gorbatchev

Les résultats économiques ne sont pas au rendez-vous. La libéralisation n'apporte qu'une désorganisation supplémentaire à un système qui fonctionnait déjà mal. Des phénomènes de pénurie apparaissent.

Gorbatchev navigue entre des bureaucrates conservateurs, qui trouvent ses réformes trop profondes, et des réformateurs radicaux, estimant qu'il ne va pas assez loin.

Les nouvelles libertés accordées aux citoyens accentuent plutôt l'impopularité de Gorbatchev. Si celui-ci est très populaire dans le monde occidental, où il incarne la libéralisation de l'URSS et sa politique pacifique, **il rassemble, à l'intérieur de l'URSS, les mécontents les plus divers**. Il n'y a pas plus d'injustices qu'auparavant, mais on peut plus facilement les faire connaître et les critiquer. Gorbatchev a donné des droits aux citoyens, **il n'a pas satisfait les consommateurs**. Bientôt, l'URSS est conduite à solliciter une aide internationale. Le magazine *Time* peut titrer, à la fin de l'année 1990 : « L'URSS, une superpuissance réduite à la mendicité. »

b. Le coup d'État d'août 1991

La Constitution soviétique prévoyait une fédération composée de quinze républiques. Le problème des nationalités, que chacun pensait résolu, amène l'effondrement de l'Union soviétique.

- Un conflit éclate entre Arméniens et Azéris en 1988 à propos d'une enclave arménienne en Azerbaïdjan. A partir de 1989, sous l'effet de la publication des accords Molotov-Ribbentrop, qui ont permis en 1940 leur annexion, les républiques baltes commencent à revendiquer leur indépendance.
- Très vite, les différents Présidents des républiques, à l'image de B. Eltsine en Russie, épousent les revendications nationalistes pour faire oublier leur passé communiste et se donner une nou-

LA FIN DE L'EMPIRE SOVIÉTIQUE

velle légitimité. Pour résoudre la crise nationale, Gorbatchev veut organiser une révision du traité d'union, et c'est pour interrompre cette révision qu'un putsch a lieu en août 1991.

- Gorbatchev, alors en vacances en Crimée, est assigné à résidence et destitué par un comité *ad hoc* représentant les intérêts de la bureaucratie et des conservateurs.
- Le monde occidental craint un retour de la guerre froide. Mais le coup d'État est rapidement balayé. Ses promoteurs, incompétents et peu organisés, voulaient arrêter le cours des réformes ; ils précipitent au contraire l'implosion de l'Union soviétique.
- Ancien membre du parti communiste, ancien allié de Gorbatchev, Eltsine est élu à la tête de la république de Russie sur le thème de la lutte contre la bureaucratie ; incarnant la résistance au coup d'État, il est le grand bénéficiaire de son échec. Le Comité central du parti communiste soviétique est dissous après ces événements. Les statues de Lénine sont déboulonnées, les biens du PCUS saisis.

c. La fin de l'URSS

- Après l'échec du putsch, Eltsine affirme davantage les prérogatives de la république de Russie au détriment de celles de l'Union soviétique. Gorbatchev, lui, veut préserver l'Union car il craint un risque de « libanisation » de l'Union soviétique. Les déclarations d'indépendance, pourtant, se multiplient. L'Union soviétique n'existe plus que sur le papier.
- **Le 8 décembre 1991, les dirigeants de la Russie, de l'Ukraine et de la Biélorussie, les trois États slaves, constatent que l'URSS en tant que sujet de droit international et réalité géopolitique n'existe plus.** Le 21 décembre, une communauté des États indépendants est créée entre les anciennes républiques de l'Union soviétique, à l'exception notable des pays Baltes et de la Géorgie.

Le 25 décembre, Gorbatchev constate la faillite de ses idées et démissionne. **En six ans et neuf mois, il a changé la face du monde : la guerre froide est enterrée, la course aux armements terminée, l'Europe de l'Est libérée. Il a mis fin au système totalitaire soviétique.** Mais il reconnaît que « l'ancien système s'était écroulé avant que le nouveau ait pu se mettre en marche ». La *perestroïka* a été une révolution sans violence ; elle provoque la chute d'un empire, sans guerre. Mais celui qui l'a commencée n'en recueille pas les fruits.

13 LA RÉUNIFICATION ALLEMANDE

La réunification allemande s'est déroulée à une vitesse que nul n'aurait imaginée. En quelques mois à peine, l'Allemagne recouvre un statut de puissance majeure au cœur de l'Europe, que les conséquences de la Seconde Guerre mondiale avaient mis, pendant près de quarante ans, entre parenthèses.

A. LA MARCHE FORCÉE VERS LA RÉUNIFICATION

● **Le chancelier H. Kohl** présente au Bundestag le 28 novembre 1989 un plan en trois étapes en vue de la réunification allemande. Celle-ci est seulement envisagée à très long terme. Pourtant ce plan est jugé extrêmement audacieux, y compris par les alliés de la RFA. Personne ne pense que la réunification soit possible à court terme.

L'URSS rejetant toute perspective dans ce sens, les dirigeants occidentaux pensent donc qu'elle est mal venue. Pourtant, dès le 8 décembre 1989, les Douze se prononcent en faveur de l'unité allemande en la plaçant dans la perspective de l'intégration communautaire.

L'affaiblissement de l'Allemagne de l'Est, à partir du moment où le mur de Berlin est tombé, oblige Gorbatchev à accepter l'idée de l'unité allemande, au nom du droit à l'autodétermination. L'exode permanent des Allemands de l'Est contraint l'ensemble des puissances à l'accélérer davantage. **Le 18 mars 1990, les élections en RDA donnent une majorité massive aux démocrates-chrétiens, signifiant un désir des Allemands de l'Est d'aboutir à une unification.**

● Le traité d'unification entre les deux États est signé le 31 août 1990 à Berlin. Il met en place l'absorption de fait de la RDA par la RFA, puisque l'ensemble du droit en vigueur en Allemagne de l'Ouest s'étend en Allemagne de l'Est.

Les aspects internationaux de la réunification sont prévus dans un traité signé le 12 septembre : levée des droits des vainqueurs de la Seconde Guerre mondiale sur Berlin, affirmation du caractère définitif des frontières de l'Allemagne, confirmation de la renonciation par l'Allemagne à la possession des armes nucléaires et retrait, avant 1994, de toutes les troupes soviétiques stationnées sur le territoire est-allemand. L'Allemagne, unie, n'est pas neutre, mais membre de l'OTAN.

B. LA NOUVELLE ALLEMAGNE

Si, officiellement, tout le monde se réjouit de la réunification allemande, elle pose néanmoins un problème pour les autres États. Chacun, en effet, trouvait auparavant un avantage dans la division allemande. Les États-Unis y voyaient la meilleure justification de leur présence en Europe. La France et la Grande-Bretagne, économiquement dépassées par l'Allemagne, se satisfaisaient fort bien de son statut politique minoré. Dans les petits pays européens, les souvenirs de la Seconde Guerre mondiale n'étaient pas totalement estompés.

● **Aussi, après la réunification, les craintes se ravivent. La réapparition d'un pays de quatre-vingts millions d'habitants au centre de l'Europe ne peut que bouleverser les équilibres existants auxquels chacun s'est habitué.** On se rappelle qu'historiquement l'Allemagne a toujours été divisée, sauf entre 1870 et 1945, période au cours de laquelle celle-ci a jeté le monde dans deux guerres mondiales. Une fois unifiée, ne risque-t-elle pas de dicter sa loi aux Européens ? Se dirige-t-on vers une Allemagne européenne ou une Europe allemande ? Son poids économique considérable n'est plus contrebalancé par son faible statut politique.

● En fait, ces craintes se révèlent exagérées ; l'Allemagne, mis à part la reconnaissance sans doute prématurée de la Croatie et de la Slovénie (qui contribue largement au déclenchement des guerres en ex-Yougoslavie), continue à jouer la carte européenne et à affirmer la permanence du couple franco-allemand.

● La réunification lui coûte encore cher. Les transferts de l'Ouest vers l'Est représentent 6 % de son PNB. Politique d'autant plus coûteuse qu'elle est fondée sur une hausse sensible des taux d'intérêt fragilisant le Système monétaire européen. Celui-ci doit procéder à plusieurs réajustements paritaires, provoquant, *in fine*, une surévaluation relative du mark.

La réunification n'a donc engendré aucune forme de nationalisme hégémonique et de repli sur soi. Le modèle international pour le peuple allemand, selon les sondages, n'est ni les États-Unis ni la Russie, mais la Suisse, un pays prospère et sans ambition stratégique.

14 LE DÉSARMEMENT

A. LE DÉSARMEMENT BILATÉRAL

Au cours de la détente, seule une limitation des armements a pu être envisagée. L'amélioration des relations Est-Ouest permet la mise en œuvre d'un véritable désarmement.

a. Le traité sur les forces nucléaires intermédiaires

Le 7 décembre 1987 est signé à Washington un traité qui élimine tous les euromissiles soviéto-américains basés à terre d'une portée comprise entre 500 et 5 000 kilomètres. Ce traité représente une première historique pour trois raisons.

● **C'est le premier traité de désarmement nucléaire.** Auparavant les superpuissances se contentaient de limiter la croissance de leurs arsenaux.

Pour la première fois, l'URSS accepte des réductions supérieures à celles imposées aux États-Unis.

Pour la première fois encore, l'URSS accepte le principe de contrôle sur place des engagements souscrits dans un traité de désarmement. Chaque signataire du traité peut envoyer des inspecteurs sur le territoire de l'autre pour contrôler la bonne application des traités. L'URSS n'est plus la société fermée à laquelle était habitué le monde occidental.

b. Les accords START

Les négociations START s'ouvrent en 1982. Leur dénomination est déjà tout un programme, puisque l'on passe des limitations (SALT) aux réductions (*Strategic Arms Reduction Talks*). Elles piétinent jusqu'à l'arrivée de Gorbatchev au pouvoir. **Le traité START I est signé le 31 juillet 1991 à Moscou.**

Le 3 janvier 1993, le traité START II est signé par les présidents Bush, battu aux élections de novembre 1992, et **Eltsine**, parvenu entre-temps au pouvoir à Moscou. Il prévoit la réduction à l'horizon 2003 des arsenaux des superpuissances à un niveau de 3 500 armes nucléaires pour les États-Unis (12 600 à la signature, 8 500 en vertu de START I) et 3 000 pour la Russie (13 000 auparavant, 6 100 après START I). La réduction est impressionnante, même si le niveau conservé par chaque État est encore bien au-delà des seuls besoins d'une politique de dissuasion. Néanmoins, la course aux armements est non seulement enrayée, mais inversée.

B. LE DÉSARMEMENT MULTILATÉRAL

a. La limitation des armes classiques

● Lorsque les négociations sur les forces armées conventionnelles en Europe s'ouvrent le 6 mars 1989 à Vienne, on pense que la complexité des problèmes et l'ambition des objectifs les rendront longues et difficiles. Elles concernent non pas deux pays (URSS et États-Unis) et une catégorie d'armes (nucléaires), mais tous les membres des deux alliances en Europe (OTAN et pacte de Varsovie) et la plupart des armes classiques terrestres et aériennes. **Lorsque le traité est signé le 22 novembre 1990 à Paris, tous les objectifs sont atteints, mais le cadre dans lequel s'inscrivait le traité est obsolète.** Entre-temps, le pacte de Varsovie a disparu et l'Allemagne s'est réunifiée. L'ordre de Yalta s'était écroulé.

Ces négociations ont une ambition à la fois militaire et politique. Militaire, car la suprématie du pacte de Varsovie en matière d'armes conventionnelles a sans cesse été dénoncée par les pays occidentaux comme une cause majeure de l'insécurité européenne. Politique, car la négociation pourrait avoir des effets sur l'ordre européen, notamment si elle entraînait la réduction de la présence militaire soviétique sur le territoire des pays de l'Est. Cette négociation est la continuation du processus de la CSCE.

● **Le traité sur les forces conventionnelles en Europe (FCE)** fixe des plafonds largement en dessous des niveaux en présence. Chaque alliance est autorisée à posséder 20 000 chars, 20 000 pièces d'artillerie, 30 000 véhicules blindés, 6 800 avions de combat et 2 000 hélicoptères de combat.

En vertu de ce traité, presque 100 000 armes sont démantelées. Les pays du pacte de Varsovie (ou de l'ex-pacte) doivent en détruire neuf fois plus que les pays de l'Alliance atlantique.

b. Le désarmement chimique

● Les conséquences inhumaines de l'utilisation des armes chimiques ont été mises en lumière lors de la Première Guerre mondiale. Un protocole de 1925 en a interdit l'usage, mais non la possession. La menace de la guerre chimique plane toujours. Faciles à fabriquer, les armes chimiques peuvent être largement répandues dans le tiers monde, et présentées, à ce titre, comme l'« arme nucléaire du pauvre ». **Le 14 janvier 1993 est signé à Paris un traité interdisant la fabrication et le stockage des armes chimiques et prévoyant la destruction des stocks existants.**

● Trois dispositions donnent à ce traité son caractère exceptionnel.

Pour la première fois **une catégorie entière d'armes est éliminée** de la surface de la planète.

Le traité est réellement égalitaire car l'interdiction de possession et de fabrication pèse de façon identique sur toutes les nations. Si les pays qui n'ont pas d'armes chimiques renoncent à en posséder, ceux qui en possèdent (Russie, États-Unis) doivent, en dix ans, détruire leurs stocks, estimés à trente mille ou quarante mille tonnes.

Un contrôle très sévère du respect des clauses du traité est établi. Toute installation chimique d'un État signataire peut faire l'objet d'une inspection à la demande d'un État qui a des soupçons solidement étayés. C'est ce que l'on appelle l'« inspection par défi ».

CHRONOLOGIE

4 -11 février 1945	Conférence de Yalta.
6 août 1945	Bombardement d'Hiroshima.
12 mars 1947	Discours du président américain lançant la « doctrine Truman ».
5 juin 1947	Annonce du plan Marshall.
25 février 1948	Coup de Prague.
24 juin 1948	Début du blocus de Berlin.
4 avril 1949	Signature du traité de l'Atlantique Nord.
12 mai 1949	Levée du blocus de Berlin.
9 mai 1950	Plan Schuman visant à créer une Communauté européenne du charbon et de l'acier.
25 juin 1950	Début de la guerre de Corée.
27 juillet 1953	Signature du cessez-le-feu en Corée.
9 mai 1955	La RFA adhère à l'OTAN.
14 mai 1955	Création du pacte de Varsovie.
18 juillet 1955	Sommet à Genève des quatre grandes puissances (États-Unis, URSS, France, Grande-Bretagne).
26 juillet 1956	Nationalisation du canal de Suez.
22 octobre-6 novembre 1956	Début et fin des opérations militaires à Suez.
23 octobre-4 novembre 1956	Insurrection en Hongrie écrasée par les chars soviétiques.
22 octobre 1962	Début de la crise de Cuba.
5 août 1963	Traité de Moscou sur les essais nucléaires.
7 mars 1966	La France se retire des structures militaires intégrées de l'OTAN.
1er juillet 1968	Signature du TNP.
20-26 août 1968	Intervention du pacte de Varsovie en Tchécoslovaquie.

26 mai 1972	Signature des accords SALT I.
1er août 1975	Signature des accords d'Helsinki (CSCE).
18 juin 1979	Signature des accords SALT II.
12 décembre 1979	Double décision de l'OTAN.
27 décembre 1979	Intervention soviétique en Afghanistan.
13 décembre 1981	Proclamation de l'état de guerre en Pologne.
10 mars 1985	Gorbatchev arrive au pouvoir à Moscou.
8 décembre 1987	Signature du traité de Washington qui élimine les euromissiles.
février 1988	Départ des troupes soviétiques d'Afghanistan.
9 novembre 1989	Chute du mur de Berlin.
12 septembre 1990	Traité sur les aspects internationaux de la réunification de l'Allemagne.
1er juillet 1991	Dissolution officielle du pacte de Varsovie.
8 décembre 1991	Fin de l'URSS.

CONSEILS DE LECTURE

Ouvrages généraux sur les relations internationales depuis 1945

BONIFACE Pascal, *Atlas des relations internationales*, Iris, Dunod, 1993.

COLARD Daniel, *Les Relations internationales de 1945 à nos jours*, Masson, 1993.

MOREAU-DEFARGES Philippe, *La Politique internationale*, Hachette, 1990.

NOUSCHI Marc, *Le XXe Siècle*, Armand Colin, 1995.

VAISSE Maurice, *Les Relations internationales depuis 1945*, Armand Colin, 1995.

ZORGBIBE Charles, *Histoire des relations internationales*, Hachette, coll. « Pluriel-Référence », 1994, t. III.

Sur les relations américano-soviétiques

FONTAINE André, *Histoire de la guerre froide*, Éd. du Seuil, coll. « Points Histoire », 1983, t. I et II.

GROSSER Alfred, *Les Occidentaux*, Éd. du Seuil, coll. « Points Histoire », 1982.

Sur les problèmes nucléaires

BONIFACE Pascal, *Vive la bombe*, Éditions n° 1, 1992.

COHEN Samy, « La bombe atomique », Gallimard, coll. « Découvertes », 1995.

TERTRAIS Bruno, *L'Arme nucléaire après la guerre froide : l'Alliance atlantique*, Économica, coll. « Stratégies et technologies », 1994.

Sur la mise en place du système Est-Ouest

FUNK Arthur, *1945, de Yalta à Potsdam : des illusions à la guerre froide*, Complexe, coll. « La mémoire du siècle », 1995.

LALOY Jean, *Yalta : hier, aujourd'hui, demain*, Robert Laffont, 1988.

MARCOU Lilly, *1947, la guerre froide, l'engrenage*, Complexe, 1987.

Sur la fin des relations Est-Ouest

BADIE Bertrand, SMOUTS Marie-Claude, *Le Retournement du monde : sociologie de la scène internationale*, Dalloz, coll. « Amphithéâtre », 1992.

DELMAS Philippe, *Le Bel Avenir de la guerre*, Gallimard, coll. « NRF Essais », 1995.

GROSSER Pierre, *Les Temps de la guerre froide*, Complexe, 1995.

LAÏDI Zaki, *Un monde privé de sens*, Fayard, 1994.

LELLOUCHE Pierre, *Le Nouveau Monde : de l'ordre de Yalta au désordre des nations*, Grasset, 1992.

LEVESQUE Jacques, *La Fin de l'Empire*, Presses de la FNSP, 1995.

PARMENTIER Guillaume, *Le Retour de l'histoire : stratégie et relations internationales pendant et après la guerre froide*, Complexe, coll. « Questions au XXe siècle », 1993.